ENTERA SANTIFICACIÓN

ENTERA SANTIFICACIÓN

LA DOCTRINA DISTINTIVA
DEL WESLEYANISMO

POR
J. KENNETH GRIDER

CASA NAZARENA DE PUBLICACIONES
LENEXA, KANSAS (E.U.A.)

Este libro se publicó originalmente en inglés con el título
Entire Sanctification : The Distinctive Doctrine of Wesleyanism

Publicado en español par
Casa Nazarena de Publicaciones
17001 Prairie Star Parkway
Lenexa, KS 66220 (E.U.A.)
informacion@editorialcnp.com

ISBN 978-1-56344-506-4

Traducción: Gladys de Aparicio y José Pacheco

Dedicatoria

A nuestro hijo Ken

Contenido

Prólogo

Difícilmente se podría mencionar a otra persona mejor preparada que el Dr. Grider para tratar el tema de este libro. Lo respalda en su tarea una amplia experiencia de más de 30 años de estudio y docencia de la doctrina de santidad, tanto a nivel personal como profesional. No sólo seleccionó el tema con mucho cuidado, sino que también enfocó la entera santificación como su aspecto más definido. Por consecuencia, en su presentación pasa por alto los aspectos más aceptados en general a fin de tratar adecuadamente las áreas controversiales.

Estuvo en lo correcto al seleccionar la "entera santificación" como la nomenclatura más crucial y definitiva dentro de los parámetros de la santidad bíblica. Su labor merece encomio tanto por sus afirmaciones como por sus negaciones: al romper con la tradición cuando la evidencia así lo exigía y reafirmarla en áreas donde era necesario.

En particular es de mucho valor su uso del "lenguaje del bautismo" al tratar el tema de la santificación, puesto que en estudios recientes se ha debatido mucho ese tema. En este punto difiere de Juan Wesley y de los movimientos carismáticos contemporáneos, aunque presenta su posición con argumentos muy convincentes.

Su capítulo sobre los malentendidos contemporáneos de la doctrina es de mucho valor. Al negarse a identificar el "hombre viejo" mencionado por San Pablo, con el pecado original, presenta una sólida base exegética (si el "nuevo hombre" se refiere a la "nueva criatura" mencionada por San Pablo, entonces el "hombre viejo" implica una persona no regenerada). También es de mucha ayuda la aclaración de la condición de San Pablo antes de que llegara a estar "en Cristo".

Aunque no es de sorprender, el Dr. Grider escribe más bien desde el punto de vista teológico que desde una perspectiva exegética (a pesar de su amplio conocimiento del griego). Aparentemente toca problemas internos del movimiento de santidad en lugar de apelar a los cristianos evangélicos en general. Reconoce que escribe con "cierto interés y sabor nazareno", aunque a la vez sus puntos de vista rebasan los límites de su denominación.

Felicitamos al autor y a la casa editorial por publicar estos puntos de vista maduros y de sano juicio para el público en general.

—GEORGE ALLEN TURNER

Prefacio

En este libro he tratado de escribir una teología de la entera santificación, la doctrina más distintiva del wesleyanismo.

No le he prestado atención a un tratado formal de la filosofía o la sicología de la doctrina, ya que el nuevo rumbo de la teología hace que esos intereses sean menos importantes de lo que lo creía la generación anterior.

No he tocado otra doctrina, sólo la de la entera santificación. Es decir, no he desarrollado la doctrina de Dios, la doctrina del pecado ni ninguna otra, sencillamente porque son inherentes a la entera santificación. Las tocamos en nuestro estudio, junto con otras doctrinas, pero sólo al tratar aspectos actuales de la doctrina de la entera santificación.

He dedicado dos capítulos a la relación entre el bautismo con el Espíritu Santo y la entera santificación. Los he dedicado, en parte, porque los pentecostales y los neopentecostales también enseñan el bautismo del Espíritu y su interpretación de lo que éste efectúa difiere de nuestro punto de vista de santidad. También me ha motivado el hecho de que la posición tradicional, de que la entera santificación se efectúa mediante el bautismo con el Espíritu Santo, es tema de mucha discusión en círculos de santidad de hoy.

El movimiento de santidad ha diferido del punto de vista de Juan Wesley, en particular, al identificar la entera santificación con un bautismo personal de o con el Espíritu Santo. Creo que al enmendar las enseñanzas de Wesley en este punto, los escritores de santidad se han apegado a las Escrituras. Creo también que al hacerlo se han apegado a la tradición o estilo de Juan Wesley. Puesto que él mismo cambió ciertos aspectos de su enseñanza sobre la entera santificación con el paso del tiempo, agregando muchas notas en sus últimos años con las que indicaba cómo iba cambiando su percepción, sería más antiwesleyano que wesleyano aceptar literalmente todas sus "enseñanzas originales".

Aunque otros libros sobre la santidad han ocasionado en parte el presente, espero que a su vez éste ocasione subsecuente reflexión teológica sobre la santidad.

Al escribir el libro he tomado en cuenta todo el movimiento de iglesias de santidad. Sin embargo, el lector detectará cierto interés y sabor nazareno que se me puede excusar, ya que soy presbítero y maestro de la Iglesia del Nazareno. En todo el volumen cito *La Biblia de las Américas*, excepto en algunos casos específicos.

Mis agradecimientos sinceros a las siguientes personas: al profesor William Miller, bibliotecario del Seminario Teológico Nazareno de Kansas City, Missouri, quien me ayudó a obtener muchos materiales; a mi alumno ayudante, el Sr. Floyd Cunningham, quien puso a mi disposición muchos valiosos recursos; y a mis alumnos, señores Westley Bichsel y Phillip Patalano, por la elaboración de los índices. A Virginia, mi esposa, por su contribución al impulsarme, por su interés, por ayudarme a dedicar tiempo a esta labor y por criticar y corregir la tipografía, el contenido y el estilo del manuscrito. Al Dr. Fred Parker, redactor de libros de la Nazarene Publishing House, quien me ayudó a reducir el manuscrito y a hacerlo más legible.

—J. KENNETH GRIDER

Capítulo **1**

Introducción:
La Doctrina Distintiva

La entera santificación se define esencialmente como limpieza instantánea del pecado original, así como capacitación que los creyentes pueden recibir, por la fe, mediante el bautismo con el Espíritu Santo.[1]

El apóstol Pablo de seguro se estaba refiriendo a esta experiencia cuando le dijo a los creyentes de Tesalónica: "Y que el mismo Dios de paz os santifique por completo; y que todo vuestro ser, espíritu, alma y cuerpo, sea preservado irreprensible para la venida de nuestro Señor Jesucristo. Fiel es el que os llama, el cual también lo hará" (1 Tesalonicenses 5:23-24).

A. *Más que un Provincialismo Teológico*

Esta enseñanza y experiencia es más que un simple "provincialismo teológico" del metodismo, como solía decir A. C. Knudson, de la Universidad de Boston. Es la enseñanza que completa peculiarmente el esfuerzo de Martín Lutero en el siglo XVI, de reformar la doctrina cristiana de acuerdo con su modelo del Nuevo Testamento. Martín Lutero restableció la doctrina de la justificación por la fe, en tanto que Juan Wesley restableció la enseñanza de que, después de ser justificado por la fe, el creyente puede ser santificado por la fe —en forma instantánea y en esta vida.

B. *Contribución Distintiva de Wesley*

Esta doctrina constituye la contribución más significativa de Juan Wesley a la fe cristiana. Pero también se distinguió por otras contribuciones distintivas. Por ejemplo, llevó el arminianismo al plano evange-

13

lístico y lo popularizó. Jacobo Arminio (c. 1560-1609) murió a la edad de 50 años, después de seis años de dedicarse a la docencia en una universidad y antes de presenciar las implicaciones evangelísticas de su doctrina, cuya enseñanza consistía en que *todos* pueden ser salvos, no sólo aquellos que Dios predestinó previamente. De Wesley, el predicador que recorrió a caballo toda Inglaterra y más allá de sus fronteras (con mucho afecto solía decir en broma que uno de sus caballos probablemente se había ido al cielo al morir), bien se podría decir que era "el arminianismo ardiente".[2] Lo era tanto al grado de que los estudiantes universitarios de Inglaterra escribían monografías sobre el tema: "Desde Wesley, todos somos arminianos".[3] En respuesta a la pregunta: "¿Quiénes sustentan el arminianismo?" alguien respondió: "Los mejores obispos y decanos de Inglaterra".[4] Aunque la respuesta era sarcástica, subrayaba el éxito del arminianismo que, en gran parte, se debía al liderato de Wesley.

Significativamente, en los últimos años de su vida Wesley publicó una revista titulada *The Arminian Magazine* (la revista arminiana). A través de sus páginas —y de muchas otras maneras— popularizó las enseñanzas del "tranquilo holandés" cuyos puntos de vista habían sido prohibidos por poco tiempo en Holanda. Esa fue una contribución distintiva, en particular por el hecho de que, en Estados Unidos, el fuerte hincapié del metodismo sobre la libertad humana apeló a la mente pionera de aquellos días. No es de sorprender que se extendiera y creciera rápidamente por todo el oeste norteamericano.

También se le atribuyen otras contribuciones a aquel caballero de Oxford, de baja estatura, con un corazón ardiente y lleno de carisma. Doctrinalmente, se incluye su enseñanza sobre el testimonio del Espíritu. En cuanto a organización, se incluyen las reuniones de clases, predecesoras de los populares grupos pequeños de estudio bíblico de nuestros días.

Pero la contribución más distintiva de Juan Wesley a la fe cristiana fue la doctrina de la entera santificación, la perfección cristiana, o el amor perfecto —como se le quiera llamar. Desde un punto de vista teológico, se debe mencionar a Wesley junto con los grandes personajes de la fe cristiana como Agustín, Lutero y Calvino. Wesley escribió un tratado continuo sobre el pecado original, que es básico para la doctrina de la entera santificación, puesto que ese era el punto de vista que se sostenía en aquel entonces. Dedicó mucho tiempo a la compilación de sus enseñanzas sobre la entera santificación en su obra *La perfección cristiana*. También trató el tema en sus sermones, lo discutió en sus cartas y le dio mucho realce entre las sociedades. Además, escribió, tradujo y arregló himnos; también impulsó a su hermano Carlos a la composición y el canto de himnos de santidad —la mayoría de los cuales expresaban el anhelo del alma por esta gracia.

C. La Enseñanza Distintiva del Metodismo

Aun cuando el metodismo de hoy en ocasiones trata la doctrina de la entera santificación como enseñanza del pasado que no encaja en su credo, no siempre ha sido así. En sus orígenes, cuando el metodismo estaba reformando a la secularizada Inglaterra y cuando influyó mucho en la religión de los primeros días de la expansión norteamericana hacia el oeste, la doctrina era la razón de ser del metodismo.

Juan Wesley mismo, por supuesto, la llamó "el gran depósito que Dios le ha encargado al pueblo llamado metodista". Philip Schaff se refirió a ella como "la doctrina máxima y culminante del metodismo".[5] Nolan B. Harmon dice que esta ha sido "la contribución doctrinal específica del metodismo a la iglesia universal... En todo lo demás hemos sido... seguidores felices y llenos de energía... Pero en lo relacionado con esta doctrina sólo nosotros la sustentamos y expresamos una enseñanza que se extiende sin temor y toca el cetro mismo de Dios".[6] Harald Lindstrom, cuyo libro *Wesley and Sanctification* (Wesley y la santificación) es uno de los más significativos sobre la entera santificación, dice de Wesley que, aun cuando "su interés primordial eran las doctrinas de la justificación y la santificación como básicas... indudablemente la santificación recibió mayor atención".[7] Incluso el liberal Francis J. McConnell decía que la doctrina, como ideal, constituía "la gloria del metodismo".[8]

D. La Motivación del Movimiento de Santidad

Sin duda alguna, la doctrina y la experiencia de la entera santificación han sido la motivación principal del movimiento de santidad en Estados Unidos, desde un poco antes de mediados del siglo XIX. Sin embargo, ese no ha sido el único mensaje. Las corrientes en favor de la liberación de esclavos motivaron a líderes como Luther Lee y otros a separarse del metodismo unos años después de su decisión, adoptada en 1836, de permitir la esclavitud. La liberación de las mujeres también fue de especial interés para el movimiento de santidad de Estados Unidos.

Algunas de las primeras mujeres que fueron admitidas como estudiantes universitarias se inscribieron en el Colegio Oberlin, de Ohio. Una de ellas, Antonette Brown, que fue ordenada al ministerio en 1853, fue quizá la primera mujer formalmente ordenada de la historia.[9]

La temperancia, después la abstinencia y luego la prohibición también fueron de especial interés para "el pueblo de santidad". La Sra. Frances Willard participó activamente en ese movimiento. Ese movimiento contra el alcoholismo era el tema central de maestros, predicadores y escritores que ministraban bajo los auspicios de la Asociación Nacional de Reuniones Campestres y la Asociación Nacional de Santidad.

Con todo, los afiliados al movimiento de santidad consideraban su labor principal "el extendimiento de la santidad escritural" por toda la nación. Cuando hablaban de su extendimiento a veces daban la impresión de referirse a "extender" la mantequilla sobre una rebanada de pan. Por supuesto, sólo usaban una expresión de Wesley mismo. Pero si se piensa en los primeros predicadores de circuito del metodismo, que hasta ni se casaban porque tardaban muchos meses en recorrer todos los puntos de predicación de su circuito, parece que la figura del "extendimiento" de la doctrina de santidad era bien aplicada. Aunque en ocasiones el área de extendimiento no era abundante, seguía extendiéndose y le gustaba a las masas, al irse extendiendo la nación hacia el oeste.

La Sra. Phoebe Palmer promulgó activamente las enseñanzas de la santidad en los primeros días del movimiento; predicó y escribió mucho como redactora de *Guide to Holiness* (guía para la santidad). Charles G. Finney y Asa Mahan, del Colegio de Oberlin, ayudaron mucho a popularizar esas enseñanzas. La enseñanza principal del movimiento, a semejanza del de Wesley, consistía en que la entera santificación se puede obtener "ahora mismo y sencillamente por la fe".[10]

E. El Wesleyanismo de Hoy

El movimiento de santidad de hoy debe resguardarse contra la relajación de su conciencia de los males sociales, como la legalización del aborto, por ejemplo. Necesita protegerse contra la tendencia de despreciar el significado de los sacramentos. Contra el descuido de las personas de escasos recursos en las grandes ciudades. Contra la búsqueda de una posición social.

La doctrina y la experiencia de la entera santificación, que constituyen el genio peculiar del wesleyanismo, se propagó en estos días por una nueva generación de creyentes. Entre sus líderes se cuenta a muy pocos excéntricos y casi no hay autócratas. Circularon muy pocas ideas que no se apoyan bíblicamente.

Hace una generación más o menos, se presentaba en ocasiones la filosofía y la sicología casi al mismo nivel de las Escrituras para apoyar la doctrina y la experiencia de la entera santificación. En nuestros días la única base legítima que se cita es la Biblia —por supuesto, con todo respeto de la opinión de autoridades en la historia de la doctrina.

Las publicaciones de santidad recientes son más académicas. Me refiero en particular a las disertaciones doctorales sobre la santidad que se han publicado.[11]

También ha surgido una nueva generación de ministros mejor educados —graduados de universidades o seminarios, algunos de los cuales continúan con el doctorado en ministerio y muchos otros en cursos de educación.

La Sociedad Teológica Wesleyana, como con 1,100 afiliados, casi por 15 años ha impulsado la conversación académica entre los eruditos del movimiento de santidad. Publica una revista teológica e impulsa las publicaciones académicas. Además, es subsidiaria de la Asociación Cristiana de Santidad (antiguamente Asociación Nacional de Santidad), que impulsa seminarios y publicaciones en su promoción de la santidad escritural.

Estos y otros acontecimientos podrían indicar un interés constante y renovado en la doctrina de la entera santificación. También de importancia, se experimenta una disposición a conceptos nuevos y enriquecedores relacionados con la doctrina, mientras que a la vez se apega a sus raíces históricas.

NOTAS BIBLIOGRÁFICAS

1. Aunque esta doctrina se relaciona con las enseñanzas de Juan Wesley (1703-1791), fundador del metodismo, él no enseñó que se efectúa por el bautismo con el Espíritu Santo. Este tema se tratará en un capítulo subsecuente.

2. Geraldo O. McCulloh, redactor: *Man's Faith and Freedom: The Theological Influence of Jacobus Arminius* (Nueva York: Abingdon Press, 1962), p. 61.

3. *Ibid.,* p. 46.

4. *Ibid.,* p. 47.

5. Citado en la obra de John L. Peters: *Christian Perfection and American Methodism* (Nueva York: Abingdon Press, 1956), p. 196.

6. *Ibid.*

7. *Ibid.*, pp. 8-9.

8. *Ibid.*, p. 9.

9. Véase la obra de Donald Dayton: *Discovering an Evangelical Heritage* (Nueva York: Harper & Row, 1976), p. 88.

10. Véase la obra de Peters: *Christian Perfection and American Methodism*, p. 189.

11. Entre la cuales se incluyen las siguientes: Harald Linstrom: *Wesley and Sanctification* (Londres: The Epworth Press, 1946); George A. Turner: *The More Excellent Way* (Winona Lake, IN: Light and Life Press, 1952); John L. Peters: *Christian Perfection and American Methodism*; Leo G. Cox: *El Concepto de Wesley de la Perfección Cristiana* (Kansas City: Casa Nazarena de Publicaciones, 1983); Charles E. Jones: *Perfectionist Persuasion: The Holiness Movement and American Methodism* (Metuchen, NJ: The Scarecrow Press, 1974).

Capítulo **2**

Componentes de la Experiencia

De la misma manera en que la obra, la vida o el matrimonio de una persona puede considerarse desde diferentes ángulos, la doctrina y la experiencia de la entera santificación también puede analizarse desde diferentes puntos de vista. En este capítulo estudiaremos la doctrina de esa manera.

A. *Separación Para el uso de Dios*

La raíz hebrea *KDSH*, traducida como "santidad", se usa como 830 veces en el Antiguo Testamento —uso muy frecuente. La palabra significa "cortar", "separar", quizá "elevar". En realidad, los eruditos no han podido descubrir con certeza la historia etimológica de la palabra. Con todo, George A. Turner sugiere —y la mayoría de los eruditos indudablemente están de acuerdo con él— que su etimología "no es esencial para comprender su uso en el Antiguo Testamento".[1]

Quizá esta palabra que se traduce como "santidad", que significa básicamente "separación", "originalmente no tenía ninguna relación ética".[2] Llegamos a esa conclusión porque a las prostitutas, que ejercían su oficio en templos paganos como forma de servicio al dios o a los dioses de la fertilidad, se les llamaba "santas".[3] Ellas no eran santas en el sentido ético, como se entendería en el contexto bíblico. Se les llamaba "santas" porque eran personas separadas para un uso especial de sus dioses.

De acuerdo con su uso en Israel, se podría argüir que desde tiempos muy remotos se le daba un contenido ético a *KDSH* aplicado a personas —y que los requisitos éticos para tales personas se implicaban en los requisitos de pureza de los animales que se habían de usar para los sacrificios (véase 2 Crónicas 29:5, 15-19; también Levítico 22:21-25; Deuteronomio 15:21; Malaquías 1:8).

En relación con el aparente significado básico de la palabra como "separación", Turner dice: "En cada uno de los más de 800 lugares en que se usa la raíz de esta palabra en el Antiguo Testamento es permisible el significado de separación; en muchos casos, se demanda".[4]

El verbo equivalente del Nuevo Testamento, *hagiadzo*, que se traduce como "santidad" y significa "hacer santo", incluye en su significado la idea de "separar", aunque con mucha frecuencia también significa limpiar o purificar desde un punto de vista moral.

Varios usos del término, con sus sinónimos, indican la idea de separación para el uso de Dios. Evidentemente ese es el significado de Juan 17:19, donde Jesús dice: "Y por ellos yo me santifico a mí mismo" (Reina-Valera 60). Con frecuencia leemos que Jesús fue sin pecado (2 Corintios 5:21). El era perfecto —un Cordero sin mancha que se sacrificaría a sí mismo por nosotros—, por lo que no necesitaba santificación en el sentido de purificación del pecado. Sin embargo, como ser humano —*totalmente* humano— necesitaba santificarse a sí mismo en el sentido de apartarse para ser usado por Dios el Padre y morir en la cruz por nosotros.

Un uso similar de un sinónimo de la palabra aparece en el Padre Nuestro: "Santificado sea tu nombre" (Mateo 6:9). En esa oración le estamos diciendo a Dios que deseamos apartarlo (con todo lo que implica su santo nombre) por sobre todo lo demás que se relaciona con nuestra vida. Como dice E. F. Walker: "Cuando Pedro nos exhorta, 'santificad a Cristo como Señor en vuestros corazones' (1 Pedro 3:15), significa que le debemos dar al Señor Jesús el lugar supremo del trono de nuestro ser —'para que todos honren al Hijo así como honran al Padre' (Juan 5:23)".[5]

Es bien sabido que la misma palabra se usa en la oración de Jesús por sus discípulos: "Santifícalos en la verdad" (Juan 17:17). Sin duda fue una oración de limpieza del pecado original, la cual ocurrió más tarde en el día de Pentecostés. Un gran número de referencias usadas en esta oración, que también se usaron con anterioridad, muestran que ya habían sido santificados inicialmente (puesto que se habían convertido) y en el sentido de haberse apartado para el uso de Dios. Habían sido llamados de entre el mundo y ya habían sido ordenados al ministerio. Cristo no hubiera necesitado orar por su santificación en ese sentido.

Un sinónimo del verbo "santificar", con el significado de separación para el uso del Padre, se usa en Juan 10:36. Según este versículo, el Padre había "santificado" a Jesús. Los "judíos" estaban a punto de apedrear a Jesús por lo que ellos llamaban blasfemia, ya que se hacía igual a Dios. Entonces Jesús les preguntó: "¿A quien el Padre santificó y envió al mundo, vosotros decís: 'Blasfemas', porque dije: 'Yo soy el Hijo de Dios'?"

En 1 Corintios 7:14 se encuentra un uso similar: "Porque el marido que no es creyente es santificado por medio de su mujer; y la mujer que no es creyente es santificada por medio de su marido creyente; de otra manera sus hijos serían inmundos, mas ahora son santos". Aquí, en el sentido de separación para el uso de Dios, el matrimonio es hecho santo por la fidelidad del cónyuge creyente.

B. Limpieza del Pecado Original

Se sustentan varios puntos de vista sobre la forma en que la gracia de Dios ataca el pecado original.

1. *Supresionismo.* Esta posición, sostenida por la mayoría de los evangélicos reformados, enseña que el pecado original permanece en el creyente, pero que Dios le ayuda más y más a suprimir sus manifestaciones. Interpretan el pasaje de Romanos 7:14ss. en el sentido de que San Pablo se refiere a un pecado que mora en él (vv. 17, 20) y que describe su experiencia presente.

2. *Represionismo.* Esta teoría también se conoce como la del movimiento de Keswick. Como en el caso del supresionismo, este punto de vista sostiene que el pecado original no es limpiado radicalmente, sino que, cuando en las Escrituras se habla de su limpieza, se refiere más bien a que permanece como condición en el creyente. Sin embargo, el punto de vista de Keswick enseña que el Espíritu Santo, quien también vive en el creyente, reprime el pecado original de manera que no se expresa con todas sus manifestaciones.

Esta enseñanza se ha relacionado con las convenciones que se celebraron en Keswick, Inglaterra, desde 1875 en adelante. Durante los primeros años del movimiento de santidad en Estados Unidos, el predicador Asa Mahan sustentó este punto de vista. Aunque se decía wesleyano, sostenía una posición muy débil sobre la erradicación del pecado original en el bautismo del Espíritu Santo. Debe reconocerse, sin embargo, que la posición de Keswick es probablemente más cercana a la wesleyana de lo que se le ha reconocido.[6]

3. *La Teología de Oberlín.* La Universidad de Oberlín, Ohio, fue por muchas décadas el centro de gravedad del movimiento de Santidad de Estados Unidos. Sus dos figuras principales fueron Charles G. Finney y Asa Mahan.

Por su educación en la abogacía, aparentemente Finney pensaba que estaba enseñando la entera santificación en su forma auténtica, pero no era así precisamente. Aun cuando en ocasiones enseñaba la incapacidad moral aparte de la gracia, no siempre enseñaba la doctrina del pecado original, la caída de la raza humana en Adán, como se ha enseñado clásicamente en todas las ramas principales del cristianismo. Se inclinaba más bien al pelagianismo y al humanismo, por ejemplo, cuando escribió: "La voluntad humana es libre, por tanto, el ser humano tiene la capacidad o la habilidad de cumplir con todos sus deberes".[7] Con todo, si por causa del pecado original estamos esclavizados a Satanás antes de la conversión, la gracia preveniente es necesaria para que podamos cumplir nuestros deberes conocidos.[8] En este respecto, los Artículos de Fe de la Iglesia del Nazareno declaran casi lo mismo que otras confesiones de fe cristianas históricas: "Creemos que el pecado original, o sea la depravación, es aquella corrupción de la naturaleza de toda la prole de Adán, razón por la cual todo ser humano está muy apartado de la justicia original... esta depravación continúa existiendo en la nueva vida del regenerado, hasta ser desarraigada por el bautismo con el Espíritu Santo" (*Manual*, Artículo V, edición 1989).

Asa Mahan difería de Finney en un sentido especial. Elaboró meticulosamente la enseñanza bíblica de que el bautismo del Espíritu Santo efectúa la entera santificación. Finney hizo algo similar a través de artículos en el *Oberlin Evangelist* (evangelista de Oberlín), pero en su obra posterior y más completa sobre la entera santificación (en su teología sistemática), generalmente proporciona al lector más argumentos lógicos que bíblicos. Mahan, por el contrario, se ocupa cuidadosamente de la enseñanza bíblica en su obra principal de 1870, *The Baptism of the Holy Ghost* (el bautismo del Espíritu Santo).[9]

Pero Mahan fue sumamente débil respecto al tema de la limpieza del pecado original en la entera santificación. El enseñaba que nuestro "Pentecostés" nos proporciona poder. Lo cierto es que en su libro *Chris-*

tian Perfection (perfección cristiana), escrito 30 años antes, cuando él aún no relacionaba el bautismo del Espíritu con la perfección cristiana, se encuentra más acerca de la entera santificación como limpieza que en su obra posterior.

4. *Limpieza Radical del Pecado Original.* Aunque Juan Wesley no identificó la entera santificación con un "bautismo con el Espíritu Santo", enseñó claramente que Dios nos limpia del pecado original en forma radical. El hablaba del "amor que inunda el corazón, expulsa [no sólo reprime] el orgullo, la ira, el mal deseo, y la obstinación".[10] Asimismo Wesley escribió mucho acerca del cuerpo de pecado que es destruido.

J. A. Wood, en las ediciones de 1861 y 1880 de su obra clásica *El Amor Perfecto*, enseñó claramente la limpieza radical del pecado adámico a través de la entera santificación. No fue sino hasta en la última edición de su gran obra que consideró que la entera santificación era efectuada por el bautismo del Espíritu. Pero en ambas ediciones está a favor del concepto de "erradicación". En la edición revisada (1880) él escribe:

> En la gracia de la justificación, los pecados, como actos de transgresión, son perdonados. En la gracia de la santificación, el pecado, como una enfermedad, es quitado, de manera que el corazón es purificado. En la naturaleza del caso, en principio, la erradicación del pecado del corazón humano completa el carácter cristiano. Cuando la culpa es perdonada en la justificación, y toda corrupción es quitada en la entera santificación, de manera que la gracia posee el corazón y nada se opone a la gracia, entonces se alcanza la condición moral que la Biblia llama perfección o entera santificación.[11]

Según Wood, el pecado original es "destruido", usando la expresión de Pablo. "La entera santificación es un estado de dulce reposo de todo conflicto entre la voluntad y la conciencia. 'El cuerpo de pecado ha sido destruido', y el alma está en paz consigo misma —en descanso interior".[12]

Con frecuencia Wood usa las palabras "erradicar", "exterminar" y "extirpar" para expresar cómo la gracia de Dios limpia el pecado original en forma radical.

J. B. Chapman, autor de varios libros sobre la entera santificación, enseña un punto de vista radical respecto a la eliminación del pecado original.

> Sostenemos que el pecado como una condición o estado es similar a un virus en la sangre, y de ninguna manera es esencial en la

vida de una persona, no está ligado a la vida en forma inseparable y, en verdad, es una amenaza para la vida y un impedimento para el funcionamiento de la vida del cuerpo y del espíritu. Por tanto, este virus puede ser quitado, la corriente sanguínea puede ser purificada y la persona puede aún vivir; en realidad, puede vivir más plenamente que antes, tanto física como espiritualmente. Esta doctrina del pecado pone el fundamento para una doctrina de santificación consistente y práctica.[13]

Podríamos añadir el testimonio de muchos teólogos, como George Allen Turner, J. Glenn Gould, W. T. Purkiser, S. S. White y Richard S. Taylor, quienes enseñan claramente que un componente de la segunda obra de gracia es una limpieza real y radical del pecado original.[14]

En la conversión, a la persona le son perdonados sus propios actos de pecado; pero en ese momento, por varias razones, el pecado original (pecado adámico, de la raza humana) no es limpiado, ni siquiera en forma parcial, de acuerdo con las Escrituras. Son nuestros propios pecados los que tenemos en mente cuando nos arrepentimos y pedimos al Dios de gracia que nos perdone. En ese instante, somos rebeldes que entregamos nuestras armas.

Sin embargo, para ser limpiados del pecado original a través del bautismo con el Espíritu Santo, no nos acercamos a Dios como rebeldes que necesitan ser perdonados, sino como hijos suyos que necesitan ser purificados. Como hijos de Dios, nos consagramos a nosotros mismos a Dios para que El nos use y, por fe (como en la justificación), recibimos la limpieza de este pecado adámico.

Juan el Bautista dijo:

> Yo a la verdad os bautizo con agua para arrepentimiento, pero el que viene detrás de mí es más poderoso que yo, a quien no soy digno de quitarle las sandalias; El os bautizará con el Espíritu Santo y con fuego. El bieldo está en su mano, y limpiará completamente su era; y recogerá su trigo en el granero, pero quemará la paja en fuego inextinguible (Mateo 3:11-12).

Estas palabras sugieren que al ocurrir este bautismo, si creían, los discípulos recibirían una limpieza profunda y completa. El "fuego" del v. 11 simboliza esa limpieza. Puede indicar una limpieza más profunda, más radical que la realizada por el agua (que también simboliza limpieza). Hay apoyo exegético para esta enseñanza. El pasaje mismo más adelante se refiere a la limpieza en el v. 12, donde leemos que cuando este bautismo ocurra, Cristo tendrá un "bieldo... en su mano", "limpiará completamente su era" y "quemará la paja" (v. 12).

Mateo 3:11-12 es corolario de Juan 7:37-39, donde leemos:

Y en el último día, el gran día de la fiesta, Jesús puesto en pie, exclamó en alta voz, diciendo: Si alguno tiene sed, que venga a mí y beba. El que cree en mí, como ha dicho la Escritura: "De lo más profundo de su ser brotarán ríos de agua viva". Pero El decía esto del Espíritu, que los que habían creído en El habían de recibir [en Pentecostés]; porque el Espíritu no había sido dado todavía, pues Jesús aún no había sido glorificado.

Este pasaje también habla de limpieza —una limpieza de los "sedientos" que deben "beber" el agua apropiada, para que "de lo más profundo de su ser", el corazón (Marcos 7:21-23), broten "ríos de agua viva". Y se nos dice que Jesús hablaba del "Espíritu" que todavía no había sido dado en la plenitud pentecostal, porque Cristo aún no había ido al Padre.

Hechos 15:8-9 es otro pasaje bíblico importante que relaciona la limpieza, o purificación, con el bautismo pentecostal con el Espíritu Santo. Pedro explica: "Y Dios, que conoce el corazón, les dio testimonio dándoles el Espíritu Santo, así como también nos lo dio a nosotros; y ninguna distinción hizo entre nosotros [en Pentecostés] y ellos [en la casa de Cornelio, Hechos 10], purificando por la fe sus corazones". En esta referencia, al resumir lo ocurrido en Pentecostés, pasa por alto las diversas lenguas y los vientos, y señala la importancia de que sus corazones fueron "purificados".

C. El Bautismo con el Espíritu Santo

El bautismo del Espíritu es un componente muy importante de la doctrina de la entera santificación. Es este bautismo con el Espíritu Santo el que produce, o efectúa, la entera santificación. Algunas personas del movimiento de santidad dicen que ambos son equivalentes, pero quizás lo más correcto sería considerarlos simultáneos.

El bautismo con el Espíritu Santo es ciertamente uno de los seis nombres dados para la entera santificación en los Artículos de Fe de la Iglesia del Nazareno. Pero eso no quiere decir que los dos sean lo mismo. La entera santificación es llamada el bautismo con el Espíritu Santo, en parte porque este bautismo la efectúa, y en parte porque este bautismo es un aspecto tan importante de lo que sucede cuando un creyente recibe la entera santificación. En ese momento, entre otras cosas que ocurren, un creyente es sumergido en el Espíritu Santo, y el Espíritu Santo es derramado sobre él. En verdad, esto significa que el Espíritu Santo viene a morar dentro del creyente. En ese mismo instante, el pecado original es quitado. Realmente es este bautismo con fuego el que purifica (Mateo 3:11-12; Hechos 2:1-4; 15:8-9), o que produce la erradicación del estado perverso, recalcitrante y de enemistad del pecado original —porque el pecado que habita en el ser (Romanos 7:17, 20) debe ser expulsado para que el Espíritu Santo habite en el creyente en tal plenitud.

Este bautismo del Espíritu cumple lo profetizado por Joel (2:28) —y Jeremías (c. 31), Ezequiel (c. 36), Juan el Bautista (Mateo 3:11-12), y Jesús (Juan 14:17; Hechos 1:4-5). Es el cumplimiento de la oración de Jesús por sus discípulos: "Santifícalos" (Juan 17:17). Probablemente es también el cumplimiento de la declaración suplicante de Jesús a sus discípulos: "Recibid el Espíritu Santo" (Juan 20:22).[15]

D. *Poder*

En el movimiento de santidad nuestra enseñanza principal ha sido la limpieza del pecado original que resulta del bautismo con el Espíritu Santo. Esta ha sido una enseñanza pertinente. Por esta limpieza mediante el bautismo con el Espíritu Santo a esta experiencia se le llama entera santificación.

Pero también sabemos que el poder, así como la pureza, tiene relación con el bautismo con el Espíritu Santo. Hechos 1:8 nos lo muestra claramente: "Pero recibiréis poder cuando el Espíritu Santo venga sobre vosotros; y me seréis testigos en Jerusalén, en toda Judea y Samaria, y hasta los confines de la tierra".

Respecto a este pasaje, Beverly Carradine hace esta singular observación:

> Al recibir el bautismo del Espíritu Santo, se realizan dos obras en el creyente cristiano —"su corazón es purificado" y "recibe poder". En el caso de Cristo, no tenía pecado innato ni corrupción moral de ninguna clase del que tuviera que ser limpiado. Lo único que podía ocurrir en su naturaleza humana sin mancha era recibir el poder del Espíritu. Por tanto, el Espíritu Santo no descendió sobre El con fuego, como en el caso de los discípulos, sino como una paloma. El hecho de que el Salvador recibió poder entonces se ve en las declaraciones claras de la Escritura. Después de esa memorable mañana se dice que "Jesús volvió en el *poder* del Espíritu..."[16]

Pero no le hemos dado el lugar debido al poder. Aun los calvinistas, que no creen en la purificación o limpieza del pecado original en relación con nuestro "Pentecostés", han realizado el poder dado a los creyentes bautizados por el Espíritu. Algunos de entre ellos, como Charles E. Fuller, dicen que este bautismo ocurre en la conversión. Otros, como Harold John Ockenga, enseñan que el bautismo con el Espíritu es subsecuente a la conversión. En ambos casos, se subraya el poder que la persona recibe —especialmente para testificar de Cristo.

El movimiento de santidad debe darle más importancia a este aspecto de nuestro Pentecostés. Y debe admitir que significa poder para testificar de Cristo. Es más que sólo poder para una vida santa. Sin duda esta idea tiene algo de cierto, pero implica que no necesitamos vivir en santidad, apartados para Dios después de nuestra experiencia inicial de conversión. Además, esa enseñanza nos da un escape de nuestra responsabilidad de testificar de Cristo. Pero Hechos 1:8 expone claramente que el poder es para testificar: "Pero recibiréis poder cuando el Espíritu Santo venga sobre vosotros; y me seréis testigos".

Aunque algunas personas tienen un carácter más calmado y son más introvertidas por naturaleza, reciben poder para testificar, junto con la pureza, cuando experimentan su Pentecostés personal.

Jesucristo permanece a flor de labios en cada uno de nosotros, esperando que lo compartamos con otros. El nos dará el poder para decir a la gente, de manera atrayente, que somos suyos y nos ayudará en nuestro propósito de guiarlos a El.

E. Un Sello

La entera santificación también se describe en la Biblia como un sello —en 2 Corintios 1:21-22; Efesios 4:30; y más claramente en Efesios 1:13.

En el primer pasaje, Pablo se refiere a dos aspectos de esta segunda obra de gracia —la confirmación y el sello— y los relaciona con el Espíritu Santo en nuestra vida. Pablo escribe: "Ahora bien, el que nos confirma con vosotros en Cristo, y el que nos ungió, es Dios, quien también nos selló y nos dio el Espíritu en nuestro corazón como garantía" (2 Corintios 1:21-22).

En Efesios 4:30 Pablo se refiere también al sello, pero habla de él en forma más clara en Efesios 1:13, donde dice: "En El también vosotros, después de escuchar el mensaje de la verdad, el evangelio de vuestra salvación, y habiendo creído, fuisteis sellados en El con el Espíritu Santo de la promesa".

Los calvinistas con frecuencia interpretan esta y las otras referencias al sello como una sugerencia sobre la seguridad eterna; sin embargo, los teólogos de santidad consideran que la figura se refiere a un aspecto de la entera santificación. Debemos notar que algunos de estos cristianos, a quienes Pablo se dirige, habían escuchado el "evangelio" de "salvación"; también habían "creído"; y después, habían sido "sellados en El con el Espíritu Santo de la promesa". Estas frases se refieren al Espíritu Santo que fue prometido por Joel (2:28), Ezequiel (c. 36), Juan el Bautista (Mateo 3:11-12), y por Jesús (Hechos 1:4-5).

El sello como símbolo sugiere posesión —que el creyente entonces es realmente propiedad de Dios, así como una carta sellada es posesión de su destinatario. El sello también da la idea de aprobación. Es como el sello de un colegio que se coloca en el diploma de una persona. Cuando un creyente se rinde completamente a Dios (Romanos 12:1-2), es verdaderamente posesión de Dios (ver Gálatas 5:24); y cuando la mente carnal, el pecado original, es expulsado, un creyente es aprobado por Dios en un sentido más profundo del que experimenta cuando sus actos de pecado son perdonados en la justificación.

F. Un Estado de Crecimiento en una Relación Correcta

Los teólogos relacionistas sostienen en forma correcta que el pecado original y su contraparte, la santidad, son asuntos relacionales. El pecado original es una propensión, predisposición o inclinación a los actos de pecado, debido a un alejamiento de Dios. Este existe porque algunos ministerios del Espíritu Santo fueron quitados a causa del pecado de Adán. Al ser privados de estos ministerios, llegamos definitivamente a la depravación: "Toda intención de los pensamientos de su corazón era sólo hacer siempre el mal". Y la santidad también es relacional. Es la enmienda de la separación por el pecado original. Siendo relacional, esta santidad no es un estado estático sin dinámica para el desarrollo. Tampoco es un estado en el sentido de que su permanencia esté asegurada, ya sea que la persona persevere o no en su consagración y confianza obediente.

Algunos dicen que es erróneo considerar el pecado original y la experiencia de la santidad como estados. Quieren evitar toda implicación de que son sustanciales en naturaleza —es decir, sustancias reales. Pero al llamarlos estados, de ninguna manera estamos diciendo que son estáticos, o que son sustancias que pueden ser pesadas o medidas.

Respecto al pecado original, podemos usar términos como "erradicación", "extirpación", "exterminación", "eliminación" o "destrucción" cuando hablamos de su limpieza, sin que ello sugiera que el pecado original es físico o cuantitativo en su naturaleza.

Una antigua analogía dice que el perdón de los actos de pecado es como cortar un árbol, y ser limpiado del pecado original es como arrancar su raíz; y es una analogía correcta y gráfica sobre lo que sucede en las dos obras de gracia. Se le puede considerar bíblica también, ya que el autor de Hebreos nos dice que busquemos la "santidad", y que miremos que "ninguna raíz de amargura, brotando, cause dificultades" (12:14-15). Cuando Jesús dijo: "Porque de adentro, del corazón de los hombres, salen los malos pensamientos, fornicaciones, robos", etc. (Marcos 7:21), probablemente estaba señalando que el pecado profundamente arraigado de la raza humana se manifiesta en pecados que pueden ser vistos.

Si no podemos usar analogías físicas para ilustrar verdades espirituales, entonces tenemos las manos atadas. En tal caso, Jesús no habría usado la analogía del nacimiento físico para enseñar a Nicodemo acerca del nacimiento espiritual (Juan 3). Pablo no habría usado la semilla que muere para dar lugar a una planta, como analogía de la resurrección del cuerpo (1 Corintios 15:33ss). Estas son sólo dos de las innumerables analogías que aparecen en la Biblia.

Al decir que la santificación es un "estado", no queremos decir que es una condición estática. El estado del matrimonio no prohíbe a dos personas en el estado de amor, así como en el estado de matrimonio, que disfruten de una relación viva, vital y creciente del uno con el otro. El estado de salud de una persona no significa que su metabolismo sea estático. El estado de una nación nunca es estático.

Al hablar del pecado adámico como un estado, las Escrituras apoyan este punto de vista de muchas formas. Cuando Pablo habla del "pecado que habita" en él (Romanos 7:17, 20), que lo domina, al cual se siente esclavizado, está dando a entender que es un estado. Su uso de sustantivos para referirse a ello también lo implica; por ejemplo: "el pecado" (Romanos 1—6); la mente carnal (Romanos 8); la carnalidad (1 Corintios 3); la "carne" (Gálatas 5:17, 24, etc.); "la ley del pecado y de la muerte" (Romanos 8:2). Pablo incluso, muchas veces se refiere al pecado como a una persona, indicando que lo engañó (Romanos 7:11).

J. A. Wood se refiere al perfecto amor como el "estado de reposo".[17] Más adelante dice: "No es sino hasta que ponemos nuestro todo en el altar de consagración que podemos entrar en un estado de santificación".[18] Al perfecto amor también lo llama "estado de gracia", y añade: "*Negativamente*, ese estado de gracia expulsa todo pecado del corazón".[19]

Podríamos citar a muchos otros escritores de santidad para afirmar que la entera santificación es tanto un estado como una relación y que es, sin duda alguna, un estado de crecimiento. Sólo cuando el pecado original recalcitrante es expulsado, puede producirse el crecimiento cristiano hacia una madurez rica y fructífera.

G. Perfección

La perfección es otro componente de la entera santificación. Esta experiencia hace perfecto al creyente, pero, por supuesto, sólo en cierto sentido. Cuando nos hace perfectos, no significa que desde ese momento nuestro juicio es perfecto, o nuestra conducta ética es perfecta. Somos perfectos como el metal es perfecto, cuando las aleaciones se separan y queda un metal de una sola clase. Cuando la naturaleza carnal es erradicada, somos perfectos porque tenemos una naturaleza humana pura —sin la infección de esa naturaleza humana que la carnalidad produce. La Biblia insta a los cristianos a que vayan adelante a la perfección (Hebreos 6:1, Reina-Valera 1960), y que sean perfectos como nuestro Padre celestial (Mateo 5:48).

Algunas veces ser perfectos se refiere al estado de resurrección. Parece usarse como sinónimo de *pneumatikoi*, los espirituales, distinguiéndolos de los cristianos carnales (1 Corintios 3:1ss). Pablo aparentemente tuvo algunas reuniones especiales con los *hoi teleioi*, los "perfectos", según varios pasajes en las cartas a los corintios (1 Corintios 2:6; 14:23; véase también 1 Corintios 14:16; 2:12). Estos eran cristianos que habían recibido la limpieza del pecado adámico mediante la plenitud del Espíritu en sus vidas.

En cuanto a las palabras para "perfección" que pueden traducirse como madurez, como lo hace la *Versión Latinoamericana* en Filipenses 3:15, concuerdo con H. Orton Wiley en que no se refiere a la madurez del carácter cristiano en su sentido usual, sino a una edad adulta —así como un joven llega a su madurez, a la mayoría de edad o edad adulta plena al cumplir 21 años.[20]

Debemos mencionar que el Nuevo Testamento habla algunas veces de perfección para referirse a la conducta perfecta, como vemos en Santiago 3:2: "Si alguno no tropieza en lo que dice, es un hombre perfecto, capaz también de refrenar todo el cuerpo". Sin embargo, en el lenguaje teológico del movimiento de santidad, no hablamos de esa clase de perfección. No se encontrarían grandes grupos de personas con tal perfección para reunirse con Pablo en cultos especiales —equivalente en el Nuevo Testamento de las reuniones de santidad del Ejército de Salvación. Además, en este pasaje de Santiago, da a entender que nadie es perfecto en ese sentido. Nos dice: "Porque todos tropezamos de muchas maneras. Si alguno no tropieza en lo que dice, es un hombre perfecto" (Santiago 3:2).

El Nuevo Testamento usa el término algunas veces en forma similar a lo que entendemos por perfección en nuestro idioma, pero el uso más común en el Nuevo Testamento señala una característica ya presente en algunos cristianos, y de eso hablamos en el movimiento de santidad cuando usamos el término "perfección". Se refiere a aquellos de quienes ha sido quitada la naturaleza carnal. Se refiere a los que han recibido la entera santificación como una definitiva segunda obra de gracia. De este modo, en Filipenses 3:15, Pablo se incluye a sí mismo y algunas de las personas a quienes él escribe, entre los perfectos (véase también 1 Juan 4:16-18).

El mismo Juan Wesley comprobó que el término "perfección" era mal comprendido. Por eso, después de 31 años en el ministerio, dijo en una carta escrita en 1756: "No siento una predilección especial por el término". Para decir lo menos, no es un término que haya sido de ayuda en nuestra tradición de santidad.

H. Una Experiencia Afirmadora

La entera santificación ha sido llamada "la experiencia afirmadora". Esta declaración se basa mayormente en 1 Tesalonicenses 3:13, donde Pablo dice a los creyentes: "A fin de que El afirme vuestros corazones irreprensibles en santidad delante de nuestro Dios y Padre, en la venida de nuestro Señor Jesús con todos sus santos". Y en parte se basa en Romanos 5:1-5, donde Pablo se refiere a una gracia, recibida subsecuentemente a la justificación, en la cual una persona es capacitada para estar "firme" —es decir, estar firme en su fe. Esta afirmación, esta capacitación para estar firme, se debe a la erradicación del pecado original —pecado que induce a la persona a hacer lo opuesto a la voluntad de Dios.

El cristiano que ha sido enteramente santificado puede caer por completo de la gracia salvadora. Pero con esa misma seguridad, tal persona está capacitada en forma maravillosa para *no* caer de la gracia.

I. El Componente de Amor

Otro componente de la entera santificación es el amor. La segunda obra de gracia nos permite amar a Dios con todo nuestro corazón, mente, alma y fuerza (véase Deuteronomio 30:6; Mateo 22:36-39), y a nuestro prójimo como a nosotros mismos. Wesley a menudo le llamó "amor perfecto" a la segunda bendición, subrayando este aspecto de la experiencia de la entera santificación. El tenía un aprecio especial por la primera epístola de Juan, y a menudo la citaba. Lo hacía mayormente por la importancia que le daba al amor y al perfecto amor (1 Juan 4:8).

J. El Componente Social

Juan Wesley no consideraba una santidad auténtica si no tenía implicaciones sociales. El mismo inició un banco popular de crédito. Practicó la medicina a un nivel superior al de un simple aficionado, y preparó una enciclopedia sobre la salud que tiene cierta importancia en la historia de la literatura médica. Escribió un libro sobre el valor de los choques eléctricos tanto para enfermedades mentales como físicas. Una regla de las sociedades que él fundó estipulaba que los miembros debían apoyarse mutuamente en sus negocios. Publicó literatura cristiana a bajo costo, pensando en la gente pobre.

En su última carta animó a Wilberforce a continuar en su lucha contra la esclavitud legalizada en Inglaterra. Esta carta ayudó al gran abolicionista, y tal vez tuvo cierta importancia en la abolición de la esclavitud en Inglaterra, en 1806, 15 años después de la muerte de Wesley y seis décadas antes de que fuera abolida en Estados Unidos.

Aunque su declaración tal vez sea exagerada, George A. Turner sugiere que "históricamente, el metodismo se distinguió tanto por su servicio social como por su difusión de la santidad bíblica". Dice él: "Quizá junto a los cuáqueros, a los metodistas se les debe el surgimiento de la 'conciencia social'. Por eso fue natural que el primer hijo del metodismo, el Ejército de Salvación, comenzara de inmediato a distribuir 'sopa, jabón y salvación', y aún tenían tiempo para el 'Culto de Santidad' semanal".[21]

William Booth, fundador del Ejército de Salvación, era metodista. El había comenzado como aprendiz en una "casa de empeños" y obtuvo gran experiencia en ese trabajo, pero no pudo seguir robando más a los pobres, y llegó a ser su mejor amigo. Llevó el evangelio de santidad a las calles de Londres y a las prostitutas, y aplicó la fe cristiana ofreciendo ayuda real a las personas necesitadas.

Antes de la mitad del siglo XIX y un poco después, de acuerdo con investigaciones realizadas por Timothy L. Smith, Donald Dayton y otros, fueron personas de la tradición metodista de santidad las que estaban a la vanguardia del movimiento abolicionista, el movimiento feminista y la campaña antialcohólica. Mientras en Princeton, Hodge y otros calvinistas buscaban bases bíblicas para mantener la esclavitud, muchos miembros del movimiento de santidad se estaban separando del metodismo porque, en 1836, éste había decidido apoyar la esclavitud. En aquel tiempo, en Oberlín, los gigantes del movimiento de santidad hicieron todo lo posible para liberar tanto a los esclavos como a las mujeres.

El profundo interés del movimiento de santidad por el aspecto social del evangelio los llevó a predicar la santidad y el milenialismo en su forma posmilenial —enseñando que las cosas serán cada vez mejores. Jonathan Blanchard, rector por mucho tiempo de la Universidad de Wheaton, que entonces era auspiciada por el movimiento de santidad, predicaba la santidad y su aplicación en el área social, de acuerdo con su punto de vista posmilenialista. Phineas Bresee, que más tarde fundó la Iglesia del Nazareno (1895), era posmilenialista, y era tan optimista que saludaba a la gente con un radiante "Buenos días" aunque fuera de noche.

Personas conocedoras del movimiento de santidad nos cuentan que, como a principios de este siglo, uno no sentía libertad para testificar en un culto de semana si no podía informar de alguna obra social realizada para compartir el evangelio de santidad. Los miembros del movimiento de santidad dedicaron también muchos de sus esfuerzos y recursos al campo de la educación, gracias a su convicción social.

Bresee dejó el metodismo para trabajar en una misión de socorro. Y pronto dejó esa misión para fundar la Iglesia del Nazareno —entre las familias pobres. El interés social de Bresee fue principalmente lo que despertó su deseo de iniciar una obra de santidad en las grandes ciudades de Estados Unidos. El estaba mucho más interesado en esa obra que en las misiones mundiales.

Es muy evidente que el movimiento de santidad no se ha olvidado de los problemas sociales. Lo cierto es que, cuando Walter Rauschenbusch y otros modernistas comenzaron a darle importancia al evangelio social, muchos miembros del movimiento de santidad pensaron que ellos ya no debían hacerlo. Y muchos se convirtieron en premilenialistas, creyendo que la situación sería cada vez peor antes del regreso de Cristo, y no querían hacer nada que la mejorara.

Sin embargo, aunque el movimiento de santidad es mayormente premilenialista, actualmente se encuentra en un período de entusiasmo renovado por la santidad social. La revista tipo periódico, *Epworth Pulpit* (el púlpito de Epworth), cuyo propósito es animar a poner en efecto la fe cristiana en lo social, es publicada bajo auspicios del movimiento de santidad. La Iglesia del Nazareno, una denominación importante en el movimiento de santidad, ha hecho declaraciones en su Asamblea General sobre asuntos raciales, aborto y uso de drogas. Sus equipos de acción cristiana son enviados a zonas pobres en las ciudades para realizar trabajos durante el verano —un tipo de ministerio que ha llegado a ser más que un proyecto temporal de verano. El trabajo de Tom Nees en la capital de Estados Unidos, quien ministra a los parias de ese lugar, es otra muestra de este entusiasmo renovado. Lo mismo podemos decir del ministerio de Paul Moore en el Club Lamb fuera del Times Square en la ciudad de Nueva York.

NOTAS BIBLIOGRÁFICAS

1. Turner: *More Excellent Way*, p. 22.

2. *Ibid.*, Véase esta obra de Turner, en la que cita el libro de Rudolph Otto: *The Idea of the Holy*, 1908, pp. 6, 25. También a A. C. Knudson, en su libro: *The Religious Teaching of the Old Testament* (Nueva York: Abingdon Press, 1918), le dedica considerable apoyo a esta idea, aunque los evangélicos deben estudiar sus obras y las de muchos otros con la comprensión de que trabajaron bajo el punto de vista de la Hipótesis Documental.

3. Véase 2 Reyes 23:7.

4. Turner: *More Excellent Way*, p. 22.

5. Edward F. Walker: *Sanctify Them*, revisado por J. Kenneth Grider (Beacon Hill Press of Kansas City, 1968), pp. 20-21. En este libro, en esta misma relación, leemos: "La Biblia usa el término *santificar* en el sentido de *reverenciar, honrar, glorificar*, pero ese no es el significado en el pasaje bajo estudio en este librito (Juan 17:17). En Isaías 5:16 leemos: 'Pero Jehová de los ejércitos será exaltado en juicio, y el Dios santo será santificado con justicia' (RV60). Por supuesto, aquí no significa que el Dios santo es hecho santo, sino que ha de ser reconocido como santo... Por tanto, leemos en Isaías 29:23: 'Ellos santificarán mi nombre; ciertamente, santificarán al Santo de Jacob, y tendrán temor al Dios de Israel'. Aquí se refiere a reverenciar

su santo nombre. En Ezequiel 36:23 leemos: 'Vindicaré la santidad de mi gran nombre... cuando demuestre mi santidad entre vosotros'. Aquí se entiende que, cuando el Señor es santificado o reverenciado en su pueblo como debe ser, El hará que su santo nombre sea venerado donde antes había sido profanado" (p. 20).

6. El Dr. Richard Taylor, de quien no se esperaría que se separara mucho del punto de vista ortodoxo sobre la santidad, presentó una ponencia en un seminario de la Asociación Nacional de Santidad a principios de los años 60, en la que apoyó un punto de vista, basado en cuidadosa investigación, de que las posiciones wesleyana y de Keswick son sorprendentemente similares.

7. Charles G. Finney: *Lectures on Systematic Theology* (Oberlin, Ohio: E. J. Goodrich, 1887, reimpresión compendiada de la segunda edición de 1851), p. 325.

8. A. M. Hills, uno de los alumnos de Finney, justamente interpretaba que Finney era por lo general "volicionista" al grado de que humanísticamente esperaba que el hombre fuera capaz de hacer lo que quisiera. Véase su *Life of Charles G. Finney* (Cincinnati: Revivalist Office, 1902), p. 224.

9. Véase la obra de Asa Mahan, *The Baptism of the Holy Ghost* (Nueva York: George Hughes & Co., 1870).

10. Juan Wesley: *La Perfección Cristiana* (edición en inglés de Christian Witness Co., de Chicago), p. 84.

11. J. A. Wood: *El Amor Perfecto* (Kansas City: Casa Nazarena de Publicaciones), p. 34.

12. *Ibid.*, p. 128.

13. J. B. Chapman: *The Terminology of Holiness* (Kansas City: Beacon Hill Press, 1947), p. 27.

14. Véanse las siguientes obras: Turner, *More Excellent Way*, p. 195; J. Glen Gould, *The Whole Counsel of God* (Kansas City: Beacon Hill Press, 1945), p. 56; W. T. Purkiser, *Sanctification and Its Synonims: Studies in the Biblical Theology of Holiness* (Kansas City: Beacon Hill Press, 1961), p. 43; esta es una cita directa de una ponencia presentada por Taylor en el Pasadena College, en el otoño de 1956; S. S. White, *Eradication Defined, Explained, Authenticated* (Kansas City: Beacon Hill Press, 1954).

15. Algunos wesleyanos no creen que alguien haya recibido la primera obra de gracia antes de la muerte y resurrección de Cristo, pero a la vez creen que el Pentecostés fue una segunda obra de gracia. Por ello toman la posición de que las palabras de Cristo: "Recibid el Espíritu Santo", marcaron el momento de la conversión de los apóstoles.

16. Véase la obra de Beverly Carradine, *The Second Blessing in Symbol* (Louisville, KY: Picket Publishing Co., 1896), pp. 17-18.

17. Wood, *El Amor Perfecto*, p. 128.

18. *Ibid.*, p. 227.

19. *Ibid.*, p. 34.

20. Véase la obra de H. Orton Wiley, *Hebreos* (edición original en inglés de la Nazarene Publishing House, de Kansas City), p. 203.

21. Turner, *More Excellent Way*, p. 259.

Capítulo **3**

La Nomenclatura
del Wesleyanismo

El movimiento de Wesley en sí, y los grupos que lo siguieron en el movimiento de santidad, siempre han sufrido de "nomenclaturitis". A menudo su terminología ha sido mal comprendida. Sus términos y frases han sido mal usados. Por ejemplo, el término *pentecostal*, perfectamente correcto, se aplica ahora, por lo general, a las personas que hablan en lenguas, limitando su uso en gran medida.

Por tanto, examinaremos los términos más empleados para referirnos a la enseñanza distintiva del wesleyanismo.

1. Perfección o Perfección Cristiana

El término *perfección*, o *perfección cristiana,* como decían Wesley y otros, es uno de los muchos nombres que se le dan a la doctrina de la entera santificación. Perfección es una palabra bíblica. Se nos exhorta a ir adelante a la "perfección" (Hebreos 6:1, Reina-Valera 1960). Debemos ser "perfectos" (Mateo 5:48), como nuestro Padre celestial es perfecto, quizá amando a nuestros enemigos (Mateo 5:44). Por supuesto, hay muchas otras referencias a esta perfección, como en 1 Corintios 2:6; Filipenses 3:15; 2 Timoteo 3:17; etc.

Con algunas excepciones, como Mateo 5:43-48, donde el contexto indica un significado específico, en el Nuevo Testamento, ser perfecto significa haber alcanzado la madurez[1] de la edad adulta en la vida cristiana, por medio de la limpieza del pecado adámico. Así como un metal es perfecto cuando no tiene aleación, nosotros, los creyentes, somos "perfectos" cuando nuestra naturaleza humana ha sido limpiada de la infección de la naturaleza humana llamada naturaleza carnal (véase Romanos 8; 1 Corintios 3; Gálatas 5:17, 24).

Dios no nos hace perfectos en nuestra conducta en el sentido de que no tenemos falla alguna. Pero decimos que nuestra conducta es perfecta porque brota de un corazón perfecto —que no es impulsado por la naturaleza carnal. Al mismo tiempo, reconocemos que a menudo nuestra conducta no es del todo correcta, o no es tan sensible espiritualmente como debería ser. Como fue forzado a explicar el señor Wesley muchas veces, este tipo de perfección es consistente con "debilidades" de diversas clases. Por eso escribió: "Repito, que esta perfección cristiana demuestre lo que es y, ¿quién se le podrá oponer?"[2]

Perfección, pues, es un término de uso frecuente en las Escrituras, pero a quienes no pertenecen al movimiento de santidad, desafortunadamente, les sugiere la idea de una vida perfecta en su máxima expresión posible.

2. Amor Perfecto

El amor perfecto es otro término similar a "perfección" (y "perfección cristiana"). En la Biblia lo encontramos principalmente en Primera de Juan. Allí se nos dice: "Todo aquel que confiesa que Jesús es el Hijo de Dios, Dios permanece en él y él en Dios" (4:15). Este versículo parece referirse a la primera obra de gracia —la conversión. Luego Juan añade la idea de "perfección", refiriéndose a lo que los Wesleyanos llaman entera santificación. El dice: "Y [además de esto] nosotros hemos llegado a conocer y hemos creído el amor que Dios tiene para nosotros. Dios es amor, y el que permanece en amor permanece en Dios y Dios permanece en él" (1 Juan 4:16). Juan continúa: "En esto se perfecciona el amor en nosotros, para que tengamos confianza en el día del juicio, pues como El es, así somos también nosotros en este mundo" (4:17). A este tipo de amor especial, Juan lo llama "perfecto amor". Dice él: "En el amor no hay temor, sino que el perfecto amor echa fuera el temor, porque el temor involucra castigo, y el que teme no es hecho perfecto en el amor" (4:18).

Pasajes como este llevaron a Wesley a referirse a Primera de Juan, más que a ningún otro libro del Nuevo Testamento, en su obra *La Perfección Cristiana*. Los wesleyanos, en general, también han encontrado ricas enseñanzas sobre la entera santificación en Primera de Juan —aunque no en la medida que Wesley lo hizo.

Sin embargo, aunque la frase "perfecto amor" es usada por el apóstol Juan, muchas personas interpretan mal nuestro uso de la misma, pensando que nos referimos a que nuestras expresiones de amor a Dios y al prójimo son absolutamente intachables. Lo único que indicamos es que ese amor no está unido a motivaciones carnales.

3. La Segunda Bendición

Otro término es *la segunda bendición*. Este subraya que la entera santificación se recibe subsecuentemente al momento de nuestra conversión. Es una clase especial de "bendición". En forma incorrecta, algunos han señalado 2 Corintios 1:15 como fundamento bíblico para este término. J. A. Wood, en la edición de 1880 de su obra *El Amor Perfecto*, escribió:

> El apóstol también enseña esa "segunda gracia" en 2 Corintios 1:15: "Con esta confianza tenía yo el proyecto de visitaros primero a vosotros para que recibieseis un nuevo beneficio" (*Nueva Versión Internacional*). La palabra original, *"barin"* [refiriéndose al griego *charin*] traducida aquí como "beneficio", se traduce 131 veces como gracia en el Nuevo Testamento, y nunca se traduce como "beneficio", excepto en este caso particular, aunque algunas versiones la corrigen agregando "gracia" en el margen.[3]

En la misma era del movimiento de santidad, Beverly Carradine apoyó esta exégesis, al escribir:

> Si algunos traductores fueran fieles al original en 2 Corintios 1:15, usarían las palabras "segunda gracia" en vez de "nuevo beneficio". La palabra griega traducida como "beneficio" es *charis*. Si se le preguntara a un erudito en griego sobre el significado de esta palabra en el original, nunca respondería "beneficio", sino "gracia", "gracia divina", "don divino", etc.[4]

John Barker, evangelista metodista británico de épocas recientes, en su obra *This Is the Will of God* (esta es la voluntad de Dios), comparte el mismo punto de vista, como lo hicieron otros entre Carradine y Barker.[5]

Es cierto que la palabra *charin*, usada aquí, que se deriva de *charis*, casi siempre se traduce como "gracia", pero debemos admitir que, en este contexto, esa traducción no sería apropiada. El contexto sugiere claramente que Pablo está hablando de un segundo beneficio, o bendición, al visitarlos por segunda vez. *La Biblia de las Américas* lo indica así: "Y con esta confianza me propuse ir primero a vosotros para que dos veces recibierais bendición, es decir, quería visitaros de paso a Macedonia, y de Macedonia ir de nuevo a vosotros, y ser encaminado por vosotros en mi viaje a Judea" (2 Corintios 1:15-16). La *Versión Popular* lo dice aún más claramente: "Confiando en esto, yo había pensado en ir primero a verlos a ustedes, para darles el gusto de visitarlos dos veces; pensaba visitarlos de paso en mi viaje para Macedonia, y después, al regreso de Macedonia, visitarlos de nuevo. Así ustedes me podrían ayudar luego a seguir mi viaje a Judea" (2 Corintios 1:15-16).

Es evidente que se refiere a un segundo beneficio para ellos al recibir una visita más del apóstol. Además, el párrafo siguiente sugiere que esas personas, o al menos la mayoría, ya estaban en la gracia de la entera santificación. Pablo dice: "Ahora bien, el que nos confirma con vosotros en Cristo, y el que nos ungió, es Dios, quien también nos selló y nos dio el Espíritu en nuestro corazón como garantía" (2 Corintios 1:21-22). Ellos ya habían sido "sellados", lo cual es concomitante de la segunda obra de gracia (véase Efesios 1:13).

Por cuanto muchos han tratado de forzar la interpretación de 2 Corintios 1:15 y usarlo como base para la doctrina de la santificación, el término "segunda bendición" también es discutido. Algunos que no aceptan la santidad como segunda bendición, han llegado a decir que ellos también recibieron una segunda bendición, y una tercera y cuarta, y muchas bendiciones más. Beverly Carradine respondió a este comentario diciendo que él también había recibido muchas bendiciones —pero que había recibido unas mil de esas bendiciones antes de recibir la segunda bendición.[6]

4. La Segunda Obra de Gracia

Este es un término muy similar al de "segunda bendición". Es más apropiado por ser más general. Incluye todos los concomitantes de la doctrina de santidad, como bautismo con el Espíritu Santo, erradicación del pecado original, poder y sello.

Desafortunadamente, los pentecostales en general también creen en una segunda obra de gracia en la que, como creyentes, son "bautizados en el Espíritu Santo" y hablan en lenguas. Frederick Dale Bruner dice: "Parece que, de su relación con el metodismo, el pentecostalismo absorbió las convicciones de la experiencia subsecuente e instantánea, y las transfirió, como un todo, de la santificación de Wesley a su bautismo en el Espíritu Santo. Pero tanto el metodismo como el pentecostalismo hacen hincapié teológicamente en un hecho después de la justificación.[7] La diferencia está en que el pentecostalismo no incluye la limpieza del pecado original sino el hablar en lenguas.

5. Santidad Cristiana

Un nombre muy apropiado para la doctrina de la entera santificación es la *santidad cristiana*. La portada de *Preacher's Magazine* (la revista del predicador), por mucho tiempo ha usado este término en su lema: "Proclamando la santidad cristiana".

El término tiene la ventaja de que no es ofensivo para personas ajenas al movimiento de santidad.[8] Luteranos, menonitas, calvinistas, presbiterianos, anglicanos —incluso católicorromanos— todos enseñan, e incluso le dan mucha importancia a la santidad cristiana de alguna manera. Pero aunque el término no ahuyenta a las personas, tampoco las "entusiasma". Es vago y general, sin especificar mucho, dando lugar a una variedad muy amplia en su interpretación.

6. Santidad

Los cristianos wesleyanos usan mucho la palabra *santidad*, y lo han hecho durante más de un siglo. Son conocidos como "el pueblo de santidad", y las denominaciones wesleyanas son llamadas iglesias de santidad. Ese movimiento que se inició alrededor de 1835, y alcanzó gran fuerza en 1860 y los años siguientes, es conocido como el movimiento de santidad.

Aun así, el término no tiene un significado preciso. Todas las denominaciones creen en la santidad en cierto sentido, aunque no defiendan la doctrina de la entera santificación. Aun los wesleyanos, muchas veces se refieren a un significado más amplio al hablar de *santidad* de lo que indican con *entera santificación*. En el uso popular, los dos son sinónimos; pero técnicamente, la santidad comienza en la primera obra de gracia (o incluso en la gracia preveniente), y continúa, como crecimiento en la gracia, después de la entera santificación.

7. Santidad Bíblica

Cuando la entera santificación es llamada "santidad bíblica", el significado no es mucho más claro. Añadir el adjetivo "bíblica" ayuda a señalar la fuente principal de la doctrina, e indica que la persona es leal al movimiento de santidad, "un verdadero creyente" y totalmente ortodoxo.

8. Segunda Bendición de Santidad

Entre todos los términos que incluyen la palabra *santidad*, este es quizá el más definido. Sugiere que esta gracia se recibe subsecuentemente a la primera obra de gracia. Define la *santidad* en tal forma que sólo describe la tradición wesleyana y no otra. Excluye la enseñanza pentecostal que, como vimos, también habla de una segunda obra de gracia, porque los pentecostales no se refieren a esta obra de gracia como santidad. Excluye lo que los católicos (y otros) llaman *santidad*, porque se le llama "segunda bendición".

Tal vez no lo podemos considerar un término erudito. Es el tipo de nombre que le da un "fiel creyente", y es usado con frecuencia en los testimonios personales.

9. *Nuestra "Canaán"*

El uso de *Canaán*, o la *experiencia de la posesión de la tierra de Canaán* para referirse a la entera santificación, es una adaptación poética de un acontecimiento mencionado a menudo en la Biblia (véase Hebreos 2—4). De acuerdo con este simbolismo, la liberación de los israelitas de la esclavitud en Egipto tipifica nuestra liberación de la esclavitud al pecado y a Satanás en nuestra conversión; y el cruce del río Jordán y la entrada a la tierra de Canaán tipifica la entrada en la experiencia de la entera santificación. Las analogías tienen también cierta credibilidad. La liberación del dominio egipcio es realmente análogo a la liberación de un cruel amo, Satanás.

Después de recibir una liberación extraordinaria del dominio del faraón egipcio, Israel fue guiado por el Jordán y se le dio una tierra que fluía "leche y miel". A los que ya eran libres, se les dio algo palpable y, de esta manera, a los liberados de la esclavitud del pecado en la conversión se les da, palpablemente, una herencia —en la entera santificación. Son capacitados para una vida santa.

El problema aquí es que no hay base con gran fuerza exegética para esta interpretación. Es necesario hacer algún esfuerzo para interpretarlo de esta manera y, por lo mismo, no convence a quienes aún no aceptan que hay dos obras de gracia. Muchos interpretan la entrada de Israel en Canaán en forma muy diferente. Los evangélicos calvinistas ven el cruce de Israel por el río Jordán como tipo de la muerte física. Para ellos, Canaán, donde fluye leche y miel, es en el cielo.

10. *Wesleyanismo*

Como en el caso de otros términos usados para la entera santificación, el nombre de *wesleyanismo* tiene ventajas y desventajas. La ventaja especial estriba en que nuestras creencias van asociadas con una persona casi tan importante como Martín Lutero. Abraham Lincoln tal vez fue más conocido como defensor de la unión americana, de modo que si alguien de su época hubiese dicho que era un "lincolnista", lo habrían comprendido. Se estaría presentando en relación con la filosofía conocida de un personaje famoso. Algo similar sucede cuando los del movimiento de santidad nos llamamos "wesleyanos". Y no es necesario estar de acuerdo en todos los aspectos con nuestro antepasado espiritual para asociarnos con ese personaje. Por ejemplo, los calvinistas pueden diferir con Juan Calvino en algún aspecto de la doctrina de soberanía absoluta y, aun así, es correcto que se les llame calvinistas. Igualmente, es apropiado que a los miembros del movimiento de santidad se les llame wesleyanos, aunque en cuanto a la entera santificación no sostengan una posición idéntica a la de Wesley, especialmente sobre su relación con el bautismo con el Espíritu Santo.

11. El Bautismo con el Espíritu Santo

Puede decirse que los norteamericanos añadieron este término a las enseñanzas de Wesley. Al usarlo, declaramos nuestra creencia de que en esta forma ocurre la entera santificación. El término es bíblico y, por mucho tiempo, dentro del movimiento de santidad, se ha relacionado con la doctrina de la entera santificación.

La principal desventaja al usar este término es que los pentecostales y neo-pentecostales usan una frase muy similar, "el bautismo en el Espíritu Santo", y se refieren a algo muy diferente. Ellos no creen que el bautismo limpia del pecado original, pero enseñan, en forma incorrecta, que en ese momento uno recibe una evidencia inicial al hablar en lenguas, o un don especial para hablar en lenguas.

12. Pureza de Corazón

Aunque este nombre para la entera santificación no es tan usado como otros, indica claramente lo que sucede en la experiencia. Lo que Wesley llamaba "pecado interior" —el pecado del corazón, del cual, como Jesús dijo, brotan los actos de pecado (véase Marcos 7:23)— es limpiado. Los miembros del movimiento de santidad señalan una de las Bienaventuranzas para apoyar esta enseñanza, cuando Jesús dijo: "Bienaventurados los de limpio corazón, pues ellos verán a Dios" (Mateo 5:8).

13. *La Plenitud de la Bendición*

Este término es similar a *salvación plena* —un término muy usado por el Ejército de Salvación, que desde hace unos años es miembro oficial de la Asociación Cristiana de Santidad. La idea de "plenitud" sugiere una nota positiva.

Aunque el término podría implicar que la primera obra de gracia es sólo parcial, incompleta, en un sentido es cierto. Las Escrituras nos llaman a ir adelante "a la perfección" (Hebreos 6:1), y la perfección sugiere una salvación plena o completa.

14. *Santificación*

Este es similar al término "santidad". Sin embargo, es diferente porque, por lo general, la "santidad" se refiere en parte a lo que nosotros hacemos para observar una vida piadosa —la expresión de nuestra consagración a la voluntad plena de Dios en nuestras vidas. La consagración es algo que hacemos con la ayuda de Dios, pero la santificación es algo que Dios hace por nosotros.

La consagración implica lo que nos proponemos hacer con nuestros talentos, dinero, etc. Los consagramos a Dios, y El los santifica al apartarlos para su uso, y ya no para un uso común. En este sentido, en tiempos del Antiguo Testamento, el sacerdocio levítico era santificado, así como el sábado, los diezmos, los sacrificios, etc.

La ventaja del término "santificación" radica en que la mayoría de las personas lo comprende. Y la Palabra de Dios usa con frecuencia la palabra "santificación" para referirse a algo que Dios hace en nosotros. En Efesios 5:25-26, Pablo dice: "Cristo amó a la iglesia y se dio a sí mismo por ella, para santificarla, habiéndola purificado por el lavamiento del agua con la palabra". La Biblia generalmente usa "santificación" en vez de "entera santificación", y sólo una vez usa una expresión que sugiere la idea de entera santificación (1 Tesalonicenses 5:23).

15. *Entera Santificación*

Después de haber repasado todos los términos, "entera santificación" es tal vez el preferido para señalar la enseñanza distintiva del wesleyanismo.[9] Estos son los aspectos a su favor: (1) es ampliamente usado y ampliamente comprendido; (2) Juan Wesley mismo lo usó frecuentemente e instaba a que lo usaran, estableciendo una tradición dentro del metodismo y del movimiento de santidad en general; y (3) sugiere el aspecto más importante de la doctrina: la erradicación del pecado original. Esta experiencia de la entera santificación es realizada por, o efectuada por, o producida por el bautismo con el Espíritu Santo.[10]

NOTAS BIBLIOGRÁFICAS

1. Obsérvese la traducción de la *Versión Latinoamericana* como "madurez" en Filipenses 3:15. Y también que Wiley, en su obra *Hebreos*, p. 203 (de su versión original en inglés), sugiere que *hoi teleitoi*, los perfectos, son personas maduras —no en el sentido de riqueza espiritual que es fruto del crecimiento, sino en el sentido de que a la edad de 21 años una persona es madura porque ha llegado a ser adulto.

2. Wesley, *La Perfección Cristiana*, p. 107 (de su versión original en inglés).

3. Wood, *El Amor Perfecto*, p. 197.

4. Wood ha dicho que son 131 veces. Ambos están refiriéndose a *Charis* en sus formas diversas.

5. John Barker, *This is the Will of God* (Londres: Epworth Press, 1954), p. 52.

6. Véase la obra de Carradine, *Second Blessing in Symbol*, pp. 17-18.

7. Frederick Dale Bruner, *A Theology of the Holy Spirit* (Grand Rapids: Wm. B. Erdmans, 1970), p. 38.

8. Otro término similar, inofensivo —incluso un tanto disfrazado— se encuentra en el libro de Hannah Whitall Smith, *El Secreto de la Vida Cristiana Feliz* (reimpreso en español recientemente por Editorial Betania). Se han vendido, tanto en inglés como en otros idiomas, más de tres millones de ejemplares, con lo que tiene el récord de ser el libro de santidad de mayor circulación en el mundo. Hasta hace poco, era uno de los más populares en inglés, seguido por *El Progreso del Peregrino* y *En sus Pasos*, de Charles Sheldon. Probablemente el otro libro de santidad de mayor circulación sea el de Chester Arthur, *Tongue of Fire*, que se ha publicado por lo menos en 12 idiomas. Sin embargo, ni Smith ni Arthur expresan definitiva, específica o expresamente la entera santificación. En estos libros sus autores la implican solamente. La tratan indirectamente —en particular en la obra clásica de Hannah W. Smith. Tiene uno que poner mucha atención para llegar a la conclusión de que el secreto de la vida cristiana feliz consiste en recibir la santificación.

9. Los libros que sustentan la doctrina en su título son los siguientes con sus autores: S. L. C. Coward, *Entire Sanctification* (Chicago: Christian Witness Co., 1928); John Hunt, *Entire Sanctification: Its Nature, the Way of its Attainment, Motives for its Pursuit* (Londres: John Mason, 1860); W. Jones: *The Doctrine of Entire Sanctification* (Filadelfia: National Association for the Promotion of Holiness, 1885); Paul Kindschi, *Entire Sanctification* (Marion, Ind.: The Wesley Press, 1964); C. W. Ruth, *Entire Sanctification* (Chicago: Christian Witness Co., 1903); C. B. Whitaker, *Entire Sanctification, a Second Work of Grace* (Grand Rapids: S. B. Shaw, Holines Record Office, 1887); A. Zepp, *Progress After Entire Sanctification* (Chicago: Christian Witness Co., 1909).

10. Véase el *Manual* de la Iglesia del Nazareno (Kansas City: Casa Nazarena de Publicaciones, 1989), artículos V y X de los Artículos de Fe.

Capítulo **4**

El Bautismo del Espíritu en las Escrituras

El Pentecostés y las experiencias pentecostales posteriores en los Hechos, fueron ocasiones en las que creyentes que ya habían experimentado el nuevo nacimiento recibieron la entera santificación —la segunda obra de gracia. Si en tales oportunidades no experimentaron la entera santificación, la historia de las tres primeras décadas de la iglesia primitiva se escribió sin referencia alguna a la segunda obra de gracia. En tal caso, notaríamos algunos datos interesantes.

Pedro, Juan, Pablo y otros escribieron epístolas que enseñan y exhortan a recibir la entera santificación, y las escribieron en la misma época en que Lucas relata lo que ellos hicieron —pero, en Hechos, su libro histórico, Lucas no estaría haciendo mención alguna al interés de esos apóstoles en una segunda obra de gracia. Veamos a Pablo, por ejemplo. Sería muy difícil comprender por qué, por un lado, le escribe a los cristianos de Efeso (y la región cercana), diciéndoles que Cristo se entregó a sí mismo por la iglesia para santificarla, habiéndola ya regenerado (Efesios 5:25-27; ver también 1:13; 3:1ss; 5:18); pero cuando va personalmente a visitar esa iglesia, no muestra ningún interés en que reciban una segunda obra de gracia.

Si las epístolas de Pablo y otros se hubiesen escrito después de las décadas de ministerios relatados en Hechos, quien no cree que la entera santificación ocurrió en las experiencias pentecostales de Hechos, podría decir que ellos llegaron a creer en una segunda obra de gracia en una época posterior, y por eso instaron en sus epístolas a recibirla. Sin embargo, Hechos da cuenta de lo que estaba sucediendo justamente durante las décadas en que casi se escribieron todas las epístolas.

Otro problema importante que veríamos sería que las primeras iglesias, durante los años en que fueron fundadas, no habrían recibido ninguna enseñanza sobre la entera santificación, sino hasta un tiempo después. Las iglesias habrían sido fundadas y ministradas por algunos años, y luego, en forma sorpresiva, los líderes habrían presentado por primera vez una enseñanza totalmente nueva: la entera santificación. Esto no sólo implicaría que la segunda gracia no es muy importante, sino que habría sido una mala estrategia.

A. Dos Obras de Gracia en Samaria

El avivamiento en Samaria, que relata Hechos 8:1-25, es quizá el fundamento firme de la enseñanza sobre las dos obras de gracia. En comparación con Primera de Tesalonicenses, vemos que Hechos presenta las dos obras de gracia en forma irrefutable. El relato de este suceso es muy claro al indicar dos obras —primero, la conversión, y luego, una segunda obra de gracia. Generalmente en las Escrituras, así como en la naturaleza, la revelación de Dios se presenta en una forma amplia, panorámica, y se requiere de la competencia de la teología, así como las ciencias físicas para ayudar a explicar la naturaleza. Pero esto no sucede en Hechos 8. Aquí pareciera que un teólogo, conocedor de las dos obras de gracia, ya hubiese realizado su trabajo técnico.

Lucas nos dice que Felipe sólo había sido ordenado como diácono para ocuparse de asuntos de menor importancia, de manera que los doce tuvieran más tiempo para la predicación (Hechos 6:1-6), pero él, "descendiendo a la ciudad de Samaria, les predicaba a Cristo" (Hechos 8:5). Felipe había sido apartado, con otros seis, para "servir mesas" (Hechos 6:2), pero él era un cristiano de la iglesia primitiva que hacía mucho más de lo que le habían asignado. La época era difícil; los cristianos eran perseguidos y sufrían en medio de un fuerte ataque ya planeado, y tuvieron que huir de Jerusalén. En tiempos así, a menudo surgen los servicios realmente consagrados del pueblo de Cristo, y eso es lo que sucedió con este diácono "lleno del Espíritu Santo" (Hechos 6:3). Era conocido como predicador: "Las multitudes unánimes prestaban atención a lo que Felipe decía" (Hechos 8:6). Muchos recibieron sanidad por su ministerio, y ayudó también de otras formas.

Muchas personas creyeron en Cristo (se convirtieron) y fueron bautizadas (Hechos 8:12). La noticia llegó a Jerusalén, y Lucas nos dice más adelante:

Cuando los apóstoles que estaban en Jerusalén oyeron que Samaria había recibido la palabra de Dios, les enviaron a Pedro y a Juan, quienes descendieron y oraron por ellos, para que recibieran el Espíritu Santo, pues todavía no había descendido sobre ninguno de ellos; sólo habían sido bautizados en el nombre del Señor Jesús. Entonces les imponían las manos, y recibían el Espíritu Santo (Hechos 8:14-17).

Claramente vemos que, primero, ellos creyeron y fueron bautizados en agua en el nombre de Cristo; y después que llegaron los apóstoles, los creyentes recibieron el Espíritu Santo —"pues todavía no había descendido sobre ninguno de ellos".

B. *Conversión de Pablo*

Aunque algunos piensan que Pablo no se convirtió en el camino a Damasco, sino tres días después, cuando Ananías lo visitó para que fuera lleno con el Espíritu Santo, la interpretación de eruditos del movimiento de santidad consiste en que Pablo se convirtió en la primera ocasión y, por tanto, fue lleno del Espíritu en la casa con Ananías, subsecuentemente a su justificación.

1. Algo revolucionario le sucedió a Saulo en el camino a Damasco. Fue tan revolucionario que transformó su vida por completo —después de ser el principal perseguidor del cristianismo, fue nombrado representante de su antiguo enemigo, Cristo.

Hubo también manifestaciones externas de este cambio revolucionario. Se nos dice que "de repente resplandeció en su derredor una luz del cielo" (Hechos 9:3), y Pablo cayó "a tierra" (v. 4). El Cristo resucitado, a quien Pablo nunca había visto físicamente, se le apareció en forma absolutamente milagrosa y habló con él. Fue una experiencia de conversión en ese mismo instante —no después en la casa de Judas, en la calle Derecha de Damasco, sino en el camino a Damasco. Solemos decir que la gente necesita una experiencia como la del "camino a Damasco", y con ello nos referimos a la conversión. Entre los numerosos comentaristas que hemos consultado, casi ninguno de ellos, sea cual fuere su posición doctrinal, niega que la conversión de Pablo ocurrió en el camino a Damasco.

2. Este fariseo celoso —que respiraba amenazas, que llevaba cartas que lo autorizaban para perseguir a cristianos en la lejana Damasco y llevarlos atados a Jerusalén para ser juzgados— es llamado allí en el

camino para predicar a Cristo. Su llamamiento no ocurre después de la llegada de Ananías; ya había ocurrido. El Señor le dijo a Ananías: "Ve, porque él me es un instrumento escogido, para llevar mi nombre en presencia de los gentiles, de los reyes y de los hijos de Israel" (Hechos 9:15). Pablo no es tan sólo un "instrumento", sino un "instrumento escogido". La palabra traducida como "escogido" es *ekloges*, la cual implica salvación. Es usada en Romanos 11:5-7 para referirse al remanente que alcanza la gracia de Dios.

3. Pablo llama a Cristo *kurie* (Señor) dos veces (Hechos 9:5; 22:8). En la primera ocasión, en la experiencia de conversión, Pablo pudo haber usado *kurie* porque era la forma de dirigirse a una figura de autoridad. Tal vez sólo deseaba preguntarle quién era El ("¿Quién eres, Señor?").

Pero en el otro caso, Pablo relata lo que sucedió en esa primera ocasión. El se ha sometido ya a este "Señor". Y con más convicción aún, le pregunta: "¿Qué debo hacer, Señor?" (Hechos 22:10). Es interesante notar que la expresión (*kurie*) que aparece en los dos lugares, es idéntica a la expresión usada por Ananías, un "cristiano maduro", que en Hechos 9:10, en total obediencia, dice: "Heme aquí, Señor".

4. Un hecho aún más importante que prueba la conversión de Pablo en el camino, es la forma en que Ananías lo llama al acercarse a él, diciéndole "hermano". Allí leemos: "Ananías fue y entró en la casa, y después de poner las manos sobre él, dijo: Hermano Saulo, el Señor Jesús ... me ha enviado" (Hechos 9:17). Muy lejos de la verdad está la sugerencia de algunos, de que este uso de "hermano" sólo denota la relación existente entre ellos por ser judíos. Eso le roba a la expresión su belleza evangélica. Debido a que Pablo ya es un cristiano, Ananías le dice, desde el principio, que lo considera su compañero como creyente cristiano. Además, Pablo necesitaba escuchar ese tipo de aceptación, ya que había sido el principal cabecilla en el bando opuesto.

5. Si Ananías fue para ayudar a Pablo en su experiencia de conversión, con el fin de que fuera justificado, creyera y fuese un cristiano, ¿por qué los relatos no usan "terminología de conversión"? Ananías le dice a Pablo: "El Señor Jesús... me ha enviado para que recobres la vista y seas lleno del Espíritu Santo" (Hechos 9:17). Lo cierto es que sólo se nos dice que Pablo recibió la vista, y no que realmente fue lleno del Espíritu. Pero más adelante vemos que en algún momento sí fue "lleno",

porque leemos: "Pablo, lleno del Espíritu Santo, fijando la mirada en él [Elimas]" (Hechos 13:9).

6. En el relato de Pablo sobre su conversión, en Hechos 22, cita las palabras que Ananías le dijo: "Y ahora, ¿por qué te detienes? Levántate y sé bautizado; y lava tus pecados invocando su nombre" (v. 16).

Aquí se hace referencia al bautismo con agua, no con el propósito de lavar sus pecados (porque el bautismo con agua no puede hacer eso), sino para que el bautismo con agua simbolizara la limpieza de sus pecados, lo cual ya había ocurrido. Por medio del bautismo con agua, como creyente, delante de todos y cada uno, estaría testificando públicamente, en un acto ritual de suma importancia, que él era cristiano.

C. *El Caso de Cornelio*

Debemos admitir que Lucas no indica claramente si Cornelio ya era cristiano cuando "el don del Espíritu Santo" fue derramado sobre él (y otros gentiles) (Hechos 10:45). Pero hay evidencias que apoyan la idea de que sí lo era.

1. Cornelio era piadoso. Hechos 10:2 presenta a Cornelio como *eusebes*, que significa "reverente; pío, devoto, religioso".[1] Esta palabra también se traduce como "piadoso". Es la misma palabra que se usa en 2 Pedro 2:9: "El Señor... sabe rescatar de tentación a los piadosos". Es lo opuesto a "los injustos". Es un término afín con *eusebeia*, usado para referirse a la "piedad" de Pablo y otros cristianos, cuando Pablo insta a Timoteo a orar por "todos los que están en autoridad, para que podamos vivir una vida tranquila y sosegada con toda piedad" (1 Timoteo 2:2). Esta última forma de la palabra aparece también en 1 Timoteo 4:8, indicando lo que nos es útil para la vida futura. Pablo dice que esta "piedad es provechosa para todo, pues tiene promesa para la vida presente y también para la futura".

Como forma adverbial, *eusebos*, describe a alguien que está decidido a vivir "en Cristo Jesús". Pablo dice: "Y en verdad, todos los que quieren vivir piadosamente en Cristo Jesús, serán perseguidos" (2 Timoteo 3:12). En 1 Timoteo 5:4, se usa una forma de la palabra para referirse a la práctica de la "piedad" hacia la familia, y en Hechos 17:23 se usa en relación con la "adoración" de la gente "al Dios no conocido", pero el uso de la palabra al referirse a Cornelio corrobora que era un creyente cristiano, aunque no tenía mucho conocimiento de la verdad.

Es interesante notar que nadie duda de que Ananías era un verdadero cristiano, y él fue para Pablo lo que Pedro fue para Cornelio —un enviado de Dios para ayudar. Ananías es llamado "discípulo" en Hechos 9:10, un *mathetes*, que es el singular de la misma palabra usada para describir a las personas que Pablo halló en Efeso (Hechos 19:2). Además, en relación directa con el punto que estamos considerando, se dice que Ananías, como Cornelio, era hombre "piadoso" (Hechos 22:12). La palabra para "piadoso" es *eulabes*, algo diferente de *eusebes*, usada en relación con Cornelio en Hechos 10:2. Tal vez los usos de *eulabes* son menos distintivos del cristianismo que los usos de *eusabes*. Vemos, también, que la piedad de Cornelio no es calificada. Simplemente se presenta como hombre "piadoso" (Hechos 10:2). La piedad de Ananías es calificada, porque se le describe como un "hombre piadoso según las normas de la ley" (Hechos 22:12).

Otro paralelo entre Cornelio y Ananías es que los judíos hablaban bien de ambos. Pero Ananías era apreciado sólo por los judíos de Damasco, mientras que Cornelio era apreciado por toda la nación judía. De Ananías se dice que de él "daban buen testimonio todos los judíos que vivían allí" (Hechos 22:12). Sobre Cornelio, Lucas dice que es "un hombre justo y temeroso de Dios, y que es muy estimado por toda la nación de los judíos" (Hechos 10:22).

2. Cornelio era justo. Cuando es llamado "justo" en Hechos 10:22, se usa la palabra *dikaios*, que sugiere con mayor fuerza que era un creyente cristiano. Es un término afín con *dikaiosune*, la palabra usada para justificación en el Nuevo Testamento. Esta palabra, con el artículo definido, *ho dikaios*, el Justo, es uno de los títulos distintivos de Cristo en este mismo libro (Hechos) en 3:14; 7:52; y 22:14. Es una de las palabras especiales del Nuevo Testamento para referirse a lo que Dios mismo es, "justo", y lo que El hace con nosotros por "fe en Jesús" (Romanos 3:26).

3. Otros elementos de apoyo:

a. Cornelio era "temeroso de Dios con toda su casa" (Hechos 10:2), lo que indica que era reverente ante Dios, y cuidaba de que su familia y servidores lo fueran también.

b. "Daba muchas limosnas al pueblo judío" (Hechos 10:2). Esto, por supuesto, no lo convertía en creyente, pero sería una cualidad ejemplar en la vida de un creyente.

c. "Oraba a Dios continuamente" (Hechos 10:2), lo cual corrobora que era piadoso y justo.

d. Estaba dispuesto a que se hiciera la voluntad de Dios en su vida, lo cual demostró al mandar a llamar a Pedro, y en su disposición para hacer todo lo que el apóstol le dijera.

e. Dios le dio una "visión" especial, enviándole un "ángel" que le ministrara (Hechos 10:3-7).

f. Justamente antes de que el Espíritu fuese derramado sobre Cornelio, Pedro parece asegurarle que ya ha recibido el perdón. Pedro le dice: "De éste dan testimonio todos los profetas, de que por su nombre, todo el que cree en El recibe el perdón de los pecados" (Hechos 10:43).

g. Cornelio ya había sido "limpiado" por Dios. La referencia incluye a los animales "impuros", y a Cornelio en la condición en que se encontraba cuando Pedro oyó de él por primera vez. Lucas nos dice: "Pero una voz del cielo respondió por segunda vez: 'Lo que Dios ha limpiado, no lo llames tú impuro'" (Hechos 11:9). Fue difícil para Pedro aceptar esto porque iba en contra de sus fuertes prejuicios, y Dios tuvo que repetírselo "tres veces" (Hechos 11:10).

h. Y algo importante, si no había sido perdonado ya de sus pecados, ¿dónde estaría nuestro Dios de gracia? Si personas totalmente alejadas de Dios, que viven como necios, pueden luego acercarse a Dios, ¿podría el pecado de este hombre, "temeroso de Dios", ser tan terrible para no ser justificado, a pesar de su búsqueda y disposición ante Dios? Si la voluntad de Dios es que nadie perezca, sino que todos se arrepientan, ¿por qué iba El a dejar a este hombre arrepentido sin la gracia de la justificación? Quizá no entendía todo desde el punto de vista teológico, pero en su corazón era un hombre convertido.

4. El participio aoristo en 11:17, *pisteusantes*, traducido como "habiendo creído", o "cuando creímos", en la mente de algunos exégetas implica que, en el Pentecostés, Pedro y otros "creyeron", o se convirtieron; y de igual forma, aseguran que Cornelio fue bautizado con el Espíritu Santo cuando creyó. La versión Reina-Valera 1960 dice: "Si Dios, pues, les concedió también el mismo don que a nosotros que hemos creído en el Señor Jesucristo, ¿quién era yo que pudiese estorbar a Dios?" De igual manera, la *Versión Latinoamericana* dice: "Si Dios, pues, les concedió a ellos el mismo don que a nosotros, cuando creímos en el Señor Jesucristo..." Y la *Nueva Versión Internacional* traduce también en forma similar: "Así que, si Dios les otorgó a ellos el mismo

don que nos había dado a nosotros, tras haber creído en el Señor Jesucristo..."

Pero *La Biblia de las Américas*, que muchas veces es más fiel al griego, lo pone en la forma en que se traducen normalmente los participios del aoristo: de manera que el Pentecostés aconteció *después* que los 120 creyeron, y el derramamiento del Espíritu Santo sobre Cornelio vino *después* que él creyó. Dice *La Biblia de las Américas*: "Por tanto, si Dios les dio a ellos el mismo don que también nos *dio* a nosotros después de creer en el Señor Jesucristo, ¿quién era yo para poder estorbar a Dios?" (Hechos 11:17).

Como es de suponer, con frecuencia la teología básica de un intérprete influye en su trabajo, como en este caso. Si un traductor no cree que el bautismo del Espíritu es subsecuente a la justificación, y se encuentra con un participio aoristo que sí lo sugiere, convenientemente dice que, en el pasaje en discusión, el participio aoristo es realmente un aoristo coincidente, rara vez usado. De este modo, el participio expresa una acción que se realiza al mismo tiempo que la acción del verbo principal.

5. La referencia al arrepentimiento. Hechos 11:18 nos dice: "Así que también a los gentiles ha concedido Dios el arrepentimiento *que conduce* a la vida". Este versículo es usado para probar que Cornelio se convirtió después que el Espíritu Santo fue derramado sobre él. Pero recordemos que esto se dijo mucho después del hecho mismo. Pedro estaba siendo acusado por hacer obra evangelística entre los gentiles. No estaban hablando específicamente sobre el bautismo del Espíritu en la vida de Cornelio. Criticaban a Pedro por compartir a Cristo con los "incircuncisos" y comer con ellos (Hechos 11:3). No era fácil que aceptaran esto en medio de sus prejuicios, así como no había sido fácil para Pedro.

No les preocupaba tanto que una segunda obra de gracia se extendiera a los gentiles, sino que el evangelio llegara también a los incircuncisos. Si podían concederles el privilegio de la conversión, no tendrían problema en que participaran de esa experiencia totalmente nueva de un Pentecostés personal. Por tanto, no están hablando acerca de Cornelio y su bautismo con el Espíritu fundamentalmente, sino sobre el evangelio de la gracia perdonadora de Dios que llegaba a los gentiles.

Cuando "se calmaron" (Hechos 11:18), entonces dijeron: "Así que también a los gentiles ha concedido Dios el arrepentimiento *que conduce a la vida*" (Hechos 11:18).

Aunque algunos escritores del movimiento de santidad no creen que Cornelio era cristiano antes que Pedro lo visitara, sostienen igualmente que fue justificado antes que el Espíritu Santo fuera derramado sobre él en la plenitud del bautismo.[2] Posiblemente esta idea encuentra apoyo en la interpretación de la palabra "salvo" en Hechos 11:14, que ellos consideran sinónimo de "convertido". El ángel le dice a Cornelio: "Envía a Jope y haz traer a Simón... quien te dirá palabras por las cuales serás salvo" (Hechos 11:13b-14). Sin embargo, aunque palabras afines de *sodzo*, "salvo", aparecen como equivalentes de conversión (como en Marcos 16:16; Hechos 2:21, 16:31; Romanos 5:10, 10:13), también se usa en forma más amplia como sinónimo del término más completo, *redención*. Uno de esos pasajes es Mateo 10:22, que nos dice: "El que persevere hasta el fin, ése será salvo" (véase también Mateo 24:13; Marcos 13:13).

En todo caso, la evidencia muestra que Cornelio era un hombre justificado antes de su bautismo con el Espíritu.

D. La Segunda Gracia en Efeso

Hechos 19:1-7 no muestra las "dos obras de gracia" en forma tan irrefutable como Hechos 8:1-25, pero también es muy claro. Relata que Pablo encontró en Efeso a un grupo de discípulos bautizados que aún no habían recibido el Espíritu Santo, y que luego lo recibieron.

Varios aspectos demuestran que la venida del Espíritu Santo sobre ellos fue subsecuente a su conversión.

1. Pablo los llama discípulos (*mathetais*), una palabra usual para los creyentes cristianos. Si con ello quiso decir que eran discípulos de otra persona y no de Cristo, lo habría mencionado específicamente.

2. Ellos ya habían creído. Pablo preguntó a los discípulos efesios: "¿Recibisteis el Espíritu Santo cuando creísteis?" (Hechos 19:2). Nuevamente tenemos aquí un participio aoristo, *pisteusantes*, "habiendo creído" (o: "cuando creyeron"). Basándonos en la característica de un participio aoristo (que expresa una acción que sucede antes de la acción del verbo principal de una oración), lo leeríamos así: "Habiendo creído,

¿recibieron el Espíritu Santo?" O bien: "Después que creyeron", ¿lo recibieron?

Ya sea que interpretemos el pasaje en la forma que indica el participio aoristo o no, el significado de las dos obras de gracia está presente. Después de todo, ellos habían creído, pero le dijeron a Pablo que ni siquiera habían "oído si hay un Espíritu Santo" (Hechos 19:2).

3. Hechos 18:27 se refiere a los creyentes de Efeso como hermanos, cuando dice: "los hermanos lo animaron [Apolos]". No se necesita un gran conocimiento del Nuevo Testamento para saber que "hermanos" es un término frecuente para referirse a los cristianos.

4. Lucas nos dice que ellos "fueron bautizados en el nombre del Señor Jesús"[3] (Hechos 19:5). Este fue el bautismo con agua. Y sus palabras siguientes son: "Y cuando Pablo les impuso las manos, vino sobre ellos el Espíritu Santo" (Hechos 19:6). Para ser candidatos al bautismo en agua, debían arrepentirse, como lo implica el relato, y debían ser creyentes, como lo dice el relato. Después de arrepentirse y creer, entonces fueron bautizados. Y después de su bautismo,[4] el Espíritu Santo "vino sobre ellos". Recibir el Espíritu Santo aquí (en su sentido usual en Hechos), es subsecuente a creer en Cristo.

E. La Referencia de Pablo en Romanos 4

En Romanos 4, el apóstol Pablo nos dice que Abraham fue justificado en tiempos del Antiguo Testamento, y lo usa como ilustración de cómo podemos ser justificados. William Greathouse dice que "en la fe de Abraham vemos el *modelo* de la justificación cristiana".[5] Pablo dice: "Y creyó Abraham a Dios, y le fue contado por justicia" (Romanos 4:3). Aquí está citando Génesis 15:6, que declara asimismo que Abraham fue justificado o justo. Pablo, aparentemente, no sabía nada acerca del dispensacionalismo, que hace separación entre los que vivieron antes del Pentecostés y la justificación por fe, ya que usa a Abraham para ilustrar cómo somos justificados.

Acerca de Abraham, Pablo dice: "Para que fuera padre de todos los que creen sin ser circuncidados, a fin de que la justicia también a ellos les fuera imputada" (Romanos 4:11). Pablo está indicando que la circuncisión no tiene gran importancia, pero tener fe sí es crucial. El no ve división alguna entre los tiempos de Abraham y el período pospentecostal. Señala así que en todo tiempo las personas han sido justificadas, y ha sido por fe, no por realizar ciertas obras (Romanos 4:4) ni por cumplir la ley (Romanos 4:15).

Por supuesto, cuando Pablo escribió la carta a los Romanos, él sabía que la gente debía creer "en aquel que levantó de los muertos a Jesús nuestro Señor" (Romanos 4:24). Pero lo que él quería recalcar era que, tanto Abraham como sus lectores, eran justificados por la fe y no por obras. Está claro que, antes del Pentecostés, la gente era justificada.

F. El Evangelio de Juan es Corroborativo

De acuerdo con el Evangelio Según San Juan, muchos disfrutaban de las bendiciones de la justificación antes del Pentecostés. Aunque debemos admitir que este evangelio se escribió mucho después del Pentecostés, y algunas declaraciones de Juan no corresponden al período pre-pentecostal, existen muchas indicaciones de que las personas recibieron, antes del Pentecostés, lo que nosotros llamamos primera obra de gracia. Y muchas de estas experiencias ocurrieron aun antes de la crucifixión y resurrección.

Posiblemente, cuando Jesús le dijo a Felipe: "Sígueme" (1:43), la respuesta de Felipe al seguirle fue como una conversión. Más significativa aún es la invitación de Jesús a Nicodemo al nuevo nacimiento, en el capítulo 3. Jesús le dice: "El que no nace de nuevo no puede ver el reino de Dios" (v. 3). Jesús no le dice que, en este asunto del nuevo nacimiento, debe esperar hasta después del Pentecostés, ni siquiera hasta después de su muerte y resurrección. Aun parece dar una represión a Nicodemo por no recibir el nuevo nacimiento en ese momento, porque le dice: "Vosotros no recibís nuestro testimonio" (v. 11).

Este Evangelio habla mucho también sobre la vida eterna, que es un sinónimo de justificación o conversión. Jesús dice: "El que cree en el Hijo tiene vida eterna" (3:36). Se recibe cuando uno "cree", y esta es una de las formas en que el Nuevo Testamento nos dice lo que debemos hacer para recibir el perdón o la justificación. Está relacionada con el sustantivo "fe" —usado frecuentemente por el apóstol Pablo para indicar lo que es necesario para obtener la justificación (por ejemplo, véase Romanos 5:1).

Más tarde, Jesús le dice a sus discípulos (un término que también se refiere a los que creían) que los "campos" en ese momento "ya están blancos para la siega" (4:35), sin esperar la crucifixión ni el Pentecostés. Y El usa el tiempo presente al decir: "Ya el segador recibe salario y

recoge fruto para vida eterna, para que el que siembra se regocije juntamente con el que siega" (4:36). Luego, tres versículos después, se refiere
a los muchos samaritanos que "creyeron" (4:39) por el testimonio de la
mujer. ¿No fue la regeneración, el nuevo nacimiento, la conversión, lo
que tuvo lugar en sus vidas?

    ¿Y cómo podría presentarse la regeneración en forma más clara que
las palabras de Jesús, usando el tiempo presente: "Porque esta es la
voluntad de mi Padre: que todo aquel que ve al Hijo y cree en El, tenga
vida eterna, y yo mismo lo resucitaré en el día final" (6:40)? Luego
agrega Jesús: "En verdad, en verdad os digo: el que cree, tiene vida
eterna" (6:47).

    Muchas otras referencias podrían mencionarse, como la historia del
hombre sanado de ceguera que cree y comienza a adorar a Jesús (c. 9); la
extensa oración de Jesús por sus discípulos en el capítulo 17, donde dice
que son de El, y pide al Padre: "guárdalos" (no regenéralos), y más
adelante declara que "ellos no son del mundo"; la súplica de Cristo:
"Mas no ruego sólo por éstos, sino también por los que han de creer en
mí por la palabra de ellos" (17:20); y la confesión de Tomás después de
la resurrección: "Señor mío y Dios mío" (20:28).

    La oración de nuestro Señor: "Santifícalos en la verdad; tu palabra
es verdad" (17:17), fue contestada en el Pentecostés. La palabra "santifícalos" está en el tiempo aoristo, que indica el tipo de acontecimiento
histórico que fue el Pentecostés, esa ocasión cuando recibieron el bautismo con el Espíritu Santo. El uso de "santificar" aquí significa "hacer
santo", en el sentido de purificarlos, y está de acuerdo con Mateo 3:11-
12, donde habla del "fuego" para referirse al Pentecostés que vendría, y
con Hechos 15:8-9, donde se describe el Pentecostés como un evento
cuando los corazones de las personas fueron "purificados".

G. El Apoyo de los Evangelios Sinópticos

    Los evangelios sinópticos enseñan también que la primera obra de
gracia es posible antes del Pentecostés. También en estos evangelios, la
gente recibe el perdón de pecados; se arrepiente y cree; sus vidas son
transformadas y reciben una misión.

    1. Muchas referencias en Mateo indican que la justificación era
posible antes del Pentecostés. El ministerio de Juan el Bautista es el
punto inicial. Las personas que se arrepentían y eran bautizadas por su
mensaje de arrepentimiento, eran creyentes, y eran bautizadas para dar

testimonio de su fe. Más aún, se les ordena que den "frutos dignos de arrepentimiento" (3:8). En verdad, Juan les dijo que él les ofrecía un primer paso en la redención, al bautizarlos en agua, y luego, Jesús mismo les brindaría un paso más adelante en la redención, al bautizar a la gente con el Espíritu Santo. El dijo: "Yo a la verdad os bautizo con agua para arrepentimiento, pero el que viene detrás de mí es más poderoso que yo, a quien no soy digno de quitarle las sandalias; El os bautizará con el Espíritu Santo y con fuego" (3:11-12).

Jesús mismo predicó un evangelio que era más que un "pacto a medias". El también demandaba arrepentimiento: "Arrepentíos, porque el reino de los cielos se ha acercado" (4:17). A quienes respondían a este llamado, El los llama "sal" y "la luz del mundo" (5:13-14). A ellos Jesús les da instrucciones, como a personas de confianza, diciéndoles: "Amad a vuestros enemigos" (5:44), "para que seáis hijos de vuestro Padre que está en los cielos" (5:45).

Un paralítico fue justificado cuando Jesús dijo: "Hijo, tus pecados te son perdonados" (9:2). Y la gente podía "convertirse", porque leemos: "En verdad os digo que si no os convertís y os hacéis como niños, no entraréis en el reino de los cielos" (18:3).

2. Marcos y Lucas también apoyan la conversión prepentecostal, y algunas de las referencias ya han sido dadas en Mateo.

Un caso distintivo en Lucas se relaciona con los "setenta" que Jesus envió. Jesús les dice: "No os regocijéis en esto, de que los espíritus se os sometan, sino regocijaos de que vuestros nombres están escritos en los cielos" (10:20) —una referencia clara a la justificación. (Véase Apocalipsis 20:15: "Y el que no se encontraba inscrito en el libro de la vida fue arrojado al lago de fuego").

Sobre estas bases, pues, de Hechos y otras partes de las Escrituras, se enseña, en el movimiento de santidad, que la entera santificación es "efectuada por el bautismo con el Espíritu Santo" como una segunda obra de gracia subsecuente a la justificación.

NOTAS BIBLIOGRÁFICAS

1. *The Analytical Greek Lexicon* (Nueva York: Harper and Brothers, sf), p. 176.

2. Véase la exégesis de Ralph Earle en "The Acts of the Apostles", *The Evangelical Commentary* (Grand Rapids: Zondervan Publishing House, 1959), pp. 136-37, 154; también su exégesis en el *Comentario Bíblico Beacon,* tomo VIII (Kansas City: Casa Nazarena de Publicaciones), p. 382 de la versión original en inglés, en la que cita como apoyo a Adam Clarke. En el

libro *Conozca la Iglesia Primitiva* (Kansas City: Casa Nazarena de Publicaciones, 1983), p. 49, el mismo autor escribe: "Cornelio y sus compañeros estaban tan completamente listos a recibir el mensaje que cuando oyeron de creer en Jesús inmediatamente creyeron y fueron salvos. Pero en sus corazones había tanta hambre por toda la voluntad de Dios y estaban tan entregado a El que pronto fueron llenos del Espíritu Santo en el mismo servicio".

3. En Hechos no se practicaba el bautismo en el nombre de la Trinidad. Sólo se hacía en "el nombre de Jesús". El evangelio Según San Mateo, que da la fórmula trinitaria (28:19), aún no se había escrito. Cuando se escribió y difundió, los bautismos se realizaron con la fórmula trinitaria —una práctica casi universal a lo largo de la historia del cristianismo.

4. Este es el orden en Hechos 8: creían, eran bautizados en agua, luego bautizados con el Espíritu. Este es el orden usual en el Nuevo Testamento, aunque no siempre se ve claramente como aquí (por ejemplo, el caso de Pablo). A través de todo el libro de Hechos, la proximidad, en lo referente al tiempo, entre el momento en que creían en Cristo y el bautismo en agua, sugiere que las iglesias de santidad actuales quizá están descuidando este sacramento. Probablemente cierta liberalidad sobre la forma del bautismo y sobre el "cuándo" (niño o creyente) contribuyó a esta falta de importancia en el mismo.

5. William M. Greathouse, "Romans", *Beacon Bible Expositions* (Kansas City: Beacon Hill Press of Kansas City, 1975), p. 70.

Capítulo **5**

El Movimiento de Santidad y el Bautismo del Espíritu

Durante más de 100 años en el movimiento de santidad en los Estados Unidos, casi todos sus autores han enseñado que el bautismo con el Espíritu Santo es esa experiencia instantánea por la cual se efectúa la entera santificación. Apoyando esta idea, Leo Cox escribe:

> Los que han abogado por la santidad generalmente han sostenido que el Pentecostés, o el bautismo con el Espíritu Santo, es idéntico con el don dado al momento de la entera santificación. C. E. Brown entiende la venida del Espíritu Santo sobre la iglesia en el Nuevo Testamento como una experiencia sólida para el creyente. Explica una cantidad de narrativas escriturales en relación con este asunto. Todos los que recibieron el Espíritu Santo eran personas que inicialmente habían sido "salvas". En una segunda crisis de salvación, el creyente es bautizado con el Espíritu Santo, momento en el cual el corazón es purificado por medio de la fe (Hch. 15:9). La mayoría de los escritores en el movimiento de la santidad moderna que siguen la tradición wesleyana están en un acuerdo sustancial con esta posición. En toda esta investigación no se ha encontrado a nadie que se oponga a esta identificación, aunque no todos hacen el mismo énfasis.[1]

Sin embargo, esto representa un cambio del punto de vista de Juan Wesley. El no relacionó el Pentecostés con la segunda obra de gracia (entera santificación), sino con la justificación. Sin duda, aceptaba una relación entre el Pentecostés y cierto tipo de limpieza, como se ve en sus *Explanatory Notes upon the New Testament* (notas explicativas sobre el Nuevo Testamento), en Mateo 3:11. Pero no identificaba la purificación por fuego con la purificación de la entera santificación. En 1770, criticó a quienes, al hablar de la segunda obra de gracia, decían que habían "recibido el Espíritu Santo". Dijo que otros podían afirmarlo, si deseaban, pero que "no era bíblico, ni correcto; ya que todos 'recibían el Espíritu Santo' cuando eran justificados".[2] Mucho antes, en 1744, había escrito: "Yo afirmo que hasta el momento en que un hombre 'recibe el Espíritu Santo', está en el mundo sin Dios; no puede conocer las cosas de Dios, a menos que Dios se las revele por el Espíritu; no, tampoco puede tener un temperamento santo o celestial, sin la inspiración del Santo".[3]

Daniel Steele, notable exegeta y teólogo que enseñó en la Universidad de Boston, declaró que había contado unos 26 términos usados por Wesley para referirse a la entera santificación, pero el bautismo del o con el Espíritu Santo no era uno de ellos.[4] Leo Cox dice: "Esta enseñanza de Wesley puede parecer extraña a algunos que insisten que el Espíritu Santo es dado subsecuentemente a la regeneración, en la ocasión de una 'segunda bendición', pero en este concepto, Wesley estuvo de acuerdo con la mayoría de la enseñanza reformada".[5]

En las *Explanatory Notes* (notas explicativas) de Wesley, cuando trata los capítulos 2, 8, 10, 11 y 19 de Hechos, donde Lucas habla sobre el bautismo del Espíritu, no se encuentra ninguna indicación de que él relacione el bautismo del Espíritu con la entera santificación. Por ejemplo, él creía que, aunque Cornelio era aceptado por Dios, no fue un creyente "cristiano" en el sentido evangélico sino hasta cuando Pedro habló con él. Dice asimismo que la conversión de Pablo no se efectuó realmente en el camino a Damasco, sino tres días después, cuando Ananías lo visitó y fue lleno con el Espíritu Santo.[6]

En su *Appeal to Men of Reason and Religion* (llamado a los hombres de razón y religión), Wesley une la experiencia de recibir el "Espíritu Santo" con la justificación cuando dice: "Yo afirmo que 'hasta el momento en que un hombre recibe el Espíritu Santo, él está en el mundo sin Dios'".[7]

Herbert McGonigle, en un artículo en el *Wesleyan Theological Journal* (revista teológica wesleyana),[8] presenta un estudio excelente sobre este tema. Muestra que en las notas de Wesley, algunas cartas y sermones, y en *La Perfección Cristiana*, Wesley habla muy poco acerca del bautismo del Espíritu, y casi nunca usa ese término, pero si lo hace, relaciona esas citas bíblicas con la justificación y no con la entera santificación.

Adam Clarke, distinguido exegeta de los inicios del metodismo, parece haber visto la relación entre el Pentecostés y la entera santificación en forma muy similar al señor Wesley, aunque a veces hubo algunas diferencias. Por la importancia de éstas, Leo Cox señala: "Adam Clarke, contemporáneo de Wesley, hizo hincapié en la obra de la entera santificación como 'una grande efusión del Espíritu Santo'.[9] Sin lugar a dudas él asoció la obra de la purificación de todo pecado con el derramamiento pentecostal del Espíritu Santo".[10]

Pero nos preguntamos por qué Clarke, en sus comentarios sobre Hechos 2:1-8 y otros pasajes de Hechos, no relaciona el bautismo con el Espíritu Santo y la entera santificación. Tampoco lo hace en su *Entire Sanctification* (entera santificación), publicado en forma de libro y extraído de su *Christian Theology* (teología cristiana). Sin embargo, en su ensayo sobre el Espíritu Santo, hace esta declaración: "Dios prometió su Espíritu Santo para santificar y purificar el corazón, para destruir por completo todo orgullo, ira, obstinación... y todo lo que es contrario a su propia santidad.... El es también el Espíritu santificador... y como tal condena a una total destrucción a la mente carnal".[11]

John Fletcher (1729-85), amigo de Wesley, fue un eminente teólogo que definitivamente comenzó a ver una relación entre el bautismo con el Espíritu Santo y la entera santificación. El acepta que la gente era realmente justificada antes de Pentecostés —incluso mucho antes del período del Nuevo Testamento. Más importante aún, en su extenso tratado sobre la perfección cristiana, como último punto, asocia el bautismo del Espíritu con la entera santificación. Aunque debemos decir que esta idea no fue esencial en su enseñanza sobre la entera santificación.

Pareciera, sin embargo, que Fletcher lo experimentó personalmente de esa manera, pero no permitió que su experiencia espiritual interna afectara totalmente su teología. Joseph Benson, en su biografía de Fletcher, señala que, como director de la universidad de Trevecca, Fletcher estaba muy interesado en "esta plenitud del Espíritu".[12] En 1781, Fletcher vivió la experiencia de la entera santificación y la describió casi como lo haríamos hoy. El testimonio, que apareció en varias publicaciones, lo dio en una reunión casera de oración a la que Fletcher asistía. Dijo que el miércoles anterior, Dios le había hablado a través de una parte de Romanos 6. En su testimonio siguió diciendo:

> ¡Les... digo a todos para alabanza de su amor que estoy libre del pecado! Sí, me regocijo al declararlo, y al dar testimonio de la gloria de su gracia, que estoy muerto al pecado... Recibí esta bendición antes, cuatro o cinco veces; pero la perdí por no cumplir el mandato

de Dios, quien nos ha dicho: "Con la boca se confiesa para salvación".

Antes de iniciar su testimonio, Fletcher leyó Hechos 2 en voz alta, y mostró que "el día de Pentecostés fue solamente el inicio de la dispensación del Espíritu Santo —la gran promesa del Padre". Y exhortó a los demás: "Oh, sed llenos con el Espíritu Santo... Amigos míos, luchemos por un derramamiento más abundante del Espíritu".[13]

Fletcher era muy respetado por Wesley, y habría sido su sucesor si no hubiese fallecido antes. Ambos mantenían correspondencia sobre el tema. Y Fletcher trató de probarle a Wesley la validez de relacionar el bautismo con el Espíritu Santo y la entera santificación, pero Wesley no se dejó convencer.[14]

Al movimiento de santidad en Estados Unidos le tocó la tarea de dilucidar la enseñanza.

I. El Movimiento de Santidad: Período Inicial

El movimiento de santidad en Estados Unidos comenzó alrededor de 1835. Ese año, Phoebe Palmer recibió la entera santificación e inició un ministerio laico, que la puso entre los tres o cuatro promotores principales que comenzaron a enseñar sobre la santidad. Durante cuatro décadas realizó servicios de santidad todos los martes, y en ellos muchas personas recibieron la experiencia de la entera santificación, incluyendo a muchos que llegaron a ser líderes prominentes en el movimiento. Escribió libros que se publicaron en varias ediciones. Junto con su esposo, que era médico, compraron la revista *Guide to Holiness* (guía para la santidad), que se publicó hasta 1903 —mucho después que ellos fallecieran. Realizaron campañas evangelísticas con grandes resultados, tanto en Estados Unidos como en Gran Bretaña.

También en 1835, la Universidad de Oberlín, Ohio, comenzó a preparar a mujeres y hombres para el ministerio de santidad, incluyendo el aspecto social. Específicamente, estaba a favor de la abolición de la esclavitud y de lo que hoy se conoce como movimiento feminista. Promovía el cuidado de los pobres, declarándose en oposición a varias formas de explotación de los menos privilegiados. Asa Mahan, pastor presbiteriano de Ohio, fue el primer rector de esta universidad, y Charles G. Finney, el primer profesor de teología sistemática. (Durante los dos primeros años, Finney dedicó sólo seis meses del año a Oberlín, y los otros seis meses a su ministerio como pastor en Nueva York, con una congregación de personas contrarias a la esclavitud y entusiastas por el avivamiento). Al mismo tiempo, Timothy Merritt y George Peck tuvieron gran influencia como metodistas que enseñaron la entera santificación.

Es interesante seguir aquí, no solamente la enseñanza de la entera santificación, sino el aspecto importante de que esta segunda obra de gracia es efectuada por el bautismo del o con el Espíritu Santo.

A. Enseñanza Anterior al Movimiento de Santidad

Thomas Webb (1724-1796), capitán del ejército británico que se convirtió a través de la predicación del señor Wesley y recibió licencia como predicador local, impulsó la enseñanza del bautismo del Espíritu. En 1766, Webb fue enviado a Albany, Nueva York, para tomar el mando del cuartel. Allí se enteró de que en la ciudad de Nueva York se estaba formando una sociedad metodista, y la visitó. Pronto se convirtió en "su más activo predicador"[15] y, finalmente, fue conocido como "el primer apóstol del metodismo en Estados Unidos".[16]

El siguiente extracto de un sermón de Webb para el día de Pentecostés contiene una declaración sobre su enseñanza:

> Las palabras del texto fueron escritas por los apóstoles después que el acto de justificación hubo pasado por ellos. Pero como ven, amigos míos, eso no era suficiente para ellos. Tenían que recibir el Espíritu Santo *después* de esto. Y ustedes también deben hacerlo. Tienen que ser santificados. Pero no lo son. Son sólo cristianos a medias. Ustedes no han recibido el Espíritu Santo. Eso lo sé.[17]

En 1772-73 Webb se puso en contacto con Joseph Benson, en Inglaterra, durante el período en que Benson y John Fletcher comenzaban a enseñar la entera santificación a través del bautismo con el Espíritu Santo. El hizo lo necesario para asegurar que Benson iría como misionero a Estados Unidos.

Durante el período inicial del metodismo en Estados Unidos, especialmente las primeras décadas del siglo XIX, algunos metodistas británicos compartían esta posición, y sus enseñanzas eran leídas y seguidas. Adam Clarke fue uno de ellos, aunque como vimos antes en este capítulo, no enseñó la entera santificación a través del bautismo del Espíritu en forma marcada.

También estaba Hester Ann Rogers, cuyas *Memoirs and Letters* (memorias y cartas) circularon ampliamente entre el metodismo norteamericano en 1800 y los años siguientes. Ella relata su lucha para recibir la entera santificación de esta manera:

> ¡Señor, clamé, haz que éste sea el momento de mi salvación plena! Bautízame ahora con el Espíritu Santo y el fuego del amor puro: Ahora "crea en mí un corazón limpio, y renueva un espíritu recto dentro de mí". Entra ahora en tu templo, y echa fuera el pecado para siempre. Purifica ahora los pensamientos, los deseos y las inclinaciones de mi corazón, y haz que tenga un amor perfecto hacia ti.[18]

Después de citar estas palabras, Allan Coppedge dice: "En su mente tenía muy claro que la experiencia del bautismo del Espíritu era idéntica a la de la salvación plena, y la amplia distribución de su historia sólo logró que los metodistas de Estados Unidos estuviesen más preparados para ver una conexión íntima entre los dos conceptos".[19]

Quizá lo más importante fue, en ese tiempo, la vasta circulación de la obra de John Fletcher, *Last Check* (examen final), donde él enseñaba la entera santificación a través del bautismo del Espíritu —pero sin extensas explicaciones.

Es interesante notar que, en esa época, grupos ajenos al metodismo comenzaron a seguir esta enseñanza, especialmente dos denominaciones presbiterianas. Una de ellas fue la Iglesia Presbiteriana de Cumberland que, en 1810, se separó de la organización presbiteriana principal en Kentucky y Tennessee. Merrill E. Gaddis, en su disertación inédita para optar al doctorado en filosofía (1929) en la Universidad de Chicago, dice que, en cierto modo, ellos eran solamente "semi-perfeccionistas", calificándolo de "cuasi-perfeccionismo".[20] Aunque pareciera que, básicamente, eran tanto arminianos como metodistas en su doctrina. Gaddis dice:

> La predestinación calvinista nunca fue puesta de lado en forma tan definitiva como lo hicieron los evangelistas de esta denominación, ni pueden los estudiantes de hoy detectar ninguna diferencia verdadera —desde el punto de vista de la sicología religiosa y resultados morales prácticos— entre la enseñanza de Cumberland, es decir, el "bautismo del Paracleto" y su poder, y por el otro lado, la segunda bendición o "entera santificación" del wesleyanismo.[21]

Gaddis señala que el metodismo colonizador los llevó a tomar esta dirección. Escribe él: "Los predicadores de Cumberland enviados por este presbiterio eran metodistas en su mensaje y procedimiento, y constituyen a la vez un testimonio de la influencia ejercida por asociados metodistas y las demandas de la colonización del oeste".[22]

Al respecto, Allan Coppedge dice: "Gaddis informa que entre los presbiterianos de Cumberland, cuya posición teológica era casi arminiana, existía la tendencia de tratar la santificación en relación con el bautismo del Espíritu Santo desde 1814".[23] Coppedge añade: "B. W. McDonald, en su *History of the Cumberland Presbyterian Church* (historia de la Iglesia Presbiteriana de Cumberland), es muy enfático en cuanto a la importancia que daban los primeros líderes de esa denominación a la doctrina y experiencia del bautismo del Espíritu Santo".[24] Cita asimismo a McDonald cuando dijo: "Nuestros padres creyeron en un bautismo perdurable del Espíritu Santo como una bendición distintiva después de la conversión... Entre todas las doctrinas que sostenían... la del bautismo perdurable del Espíritu Santo fue la más apreciada por ellos".[25]

Los presbiterianos de Cumberland han sobrevivido, tienen unos 100,000 miembros, y cuentan por lo menos con una universidad y un seminario. J. O. McClurkan, cuyo grupo de santidad se unió con la Iglesia del Nazareno en 1915, era de esa denominación.

Además del grupo de Cumberland, los Presbiterianos de la Nueva Luz, que se organizaron en la misma región en 1803, comparten esta enseñanza.

B. Contribución Estratégica de Finney

Una contribución importante a la enseñanza de la entera santificación a través del bautismo del Espíritu, fue la de Charles G. Finney, pastor, evangelista y profesor. Lo enseñó claramente en artículos y "cartas" publicados en el *Oberlin Evangelist* (evangelista de Oberlín) en 1839-40; y en cierta forma, en las ediciones de 1847 y 1851 de su *Systematic Theology* (teología sistemática).

El *Oberlin Evangelist*, producido en la recién fundada Universidad de Oberlín, en Ohio, publicó una serie de cinco conferencias de Finney sobre "Las Promesas", desde mayo a julio de 1839. Comienza él estas conferencias citando numerosas promesas del Antiguo Testamento, incluyendo la de Ezequiel 36:25-26: "Entonces os rociaré con agua limpia y quedaréis limpios... os daré un corazón nuevo y pondré un espíritu nuevo dentro de vosotros".[26]

Cita asimismo algunos mandamientos, y señala que si queremos recibir las promesas, debemos cumplir los mandamientos. El uso que hace de expresiones como "plenitud", es considerado por algunos intérpretes como "lenguaje de entera santificación".[27] Sin embargo, la palabra "plenitud" es usada en una forma algo vaga, y no muestra específicamente que se refiera a la experiencia de la segunda bendición.[28]

Es importante notar que en estas cinco conferencias, Finney no dice claramente que la entera santificación viene a través del bautismo del Espíritu Santo. Se acerca a esto cuando afirma que esta gracia es "efectuada por el Espíritu Santo", pero no es lo mismo a decir que es efectuada por el *bautismo* del Espíritu Santo.

Poco después, sin embargo, en sus *Letters to Ministers of the Gospel* (cartas a los ministros del evangelio), publicadas en el *Oberlin Evangelist*, escribe sobre este punto en forma clara. En una de las cartas, publicada el 6 de mayo de 1840, dice ciertas cosas que revelan sus nuevos conceptos al respecto. "El bautismo del Espíritu Santo", escribe él, "es... prometido universalmente... a los cristianos"; y "esta bendición debe ser buscada y recibida después de la conversión". Dice que los nuevos convertidos deben ser "bautizados en la muerte misma de Cristo... y elevados a una vida de santidad en Cristo". Dice también: "Me preocupa mucho que no se haga el esfuerzo suficiente para guiar a un convertido a buscar sinceramente el 'bautismo del Espíritu Santo, después que ha creído'". Y confiesa que su propia "instrucción a los convertidos, en este aspecto, ha sido muy deficiente".

En verdad, Finney enseña la entera santificación pentecostal muy claramente en estas cartas. Aunque desearíamos que hubiera tratado en forma más específica la limpieza del pecado original.

Las ediciones de 1847 y 1851 de la *Systematic Theology* de Finney también presentan muy poca enseñanza sobre ese tema. En esa gran obra lo sugiere, pero no lo incluye en su presentación sistemática de la teología. Allí enseña que las promesas de "santificación" fueron cumplidas por el bautismo del Espíritu Santo en el Pentecostés. Al hablar sobre la santificación —que para él quiere decir entera santificación de los creyentes— declara que "una promesa de santificación, para que sea de provecho para nosotros, debe esperarse en un momento dado... es decir, la ocasión debe estar señalada de tal modo... que prepare nuestra actitud en espera de su cumplimiento... La promesa de Cristo a los apóstoles en relación con el derramamiento del Espíritu el día de Pentecostés, puede ilustrar esto".[29]

En otra sección de su teología sistemática, aún sobre el tema de "santificación", Finney sugiere, pero no lo expresa específicamente, que ser "bautizado con el Espíritu Santo", presentado aquí como sinónimo de recibir "la plenitud del Espíritu Santo", es lo que nos hace "perfectos", lo cual marca una diferencia con los personajes del Antiguo Testamento. El escribe: "Ellos [los patriarcas] no recibieron la luz y la gloria de la dispensación cristiana, ni la plenitud del Espíritu Santo. Y la Biblia declara que, 'ellos sin nosotros', es decir, sin nuestros privilegios, 'no podían ser hechos perfectos'".[30] Aquí él sugiere que el ser bautizados con el Espíritu Santo nos hace "perfectos" —evidentemente en relación con la perfección cristiana de la cual está hablando.

C. *Importancia Teológica de S. S. Smith*

Mientras que Finney fue una de las figuras religiosas de mayor importancia en el siglo XIX, y muy especialmente por su ministerio como evangelista, Stephen Sanford Smith casi no fue conocido. Sin embargo, el papel de Smith fue estratégico en la enseñanza de la entera santificación efectuada por el bautismo con el Espíritu Santo. Antes de él, nadie había enseñado esa doctrina en forma tan clara como él lo hizo, y tan aproximada a la manera en que se llegó a enseñar en el movimiento de santidad a fines del siglo XIX.

S. S. Smith fue un pastor congregacionalista que nació en 1797 y falleció en 1871. En ocasiones editaba obras seculares, y además de otros pastorados, en 1840-1841, ministró en una iglesia en Newton, Massachusetts.[31] Durante ese pastorado publicó un artículo estratégico en *Guide to Christian Perfection* (guía para la perfección cristiana), en enero de 1841. El título del artículo fue "Poder de lo Alto", basado en Lucas 24:49: "Quedaos vosotros en la ciudad de Jerusalén, hasta que seáis investidos de poder desde lo alto" (Reina-Valera 1960).[32]

En este sermón Smith dice: "Los ciento veinte que fueron bautizados con el Espíritu Santo en el día de Pentecostés, antes habían 'nacido de Dios'".[33] Continúa diciendo: "Evidentemente el don del Espíritu Santo mencionado aquí [en Juan 7:39], es el poder de lo alto al que se refiere el texto, y no se trataba de la regeneración".[34]

Después de declarar que este don de poder no era "de inspiración", ni "de milagros", pregunta: "Entonces, ¿cuál fue el poder de lo alto prometido en el texto?"[35] Y señala: "Fue una plenitud de la influencia divina que transformó todo el carácter moral de quienes la recibieron".[36] Sobre esta transformación, dice: "Nunca ocurrió un cambio más completo en los hombres sobre la tierra, que el que produjo el bautismo con el Espíritu Santo en los seguidores de Cristo".[37]

Smith pone un cuidadoso fundamento antes de declarar definitivamente que él cree que los discípulos recibieron la entera santificación en el Pentecostés. Finalmente, en una nota al pie de página, él dice: "La evidencia de que el bautismo con el Espíritu Santo fue un poder santificador está en las palabras de Cristo, en Juan 7:38: 'El que cree en mí, como ha dicho la Escritura: De lo más profundo de su ser brotarán ríos de agua viva'". En la misma nota, Smith dice: "Pablo también nos asegura que este bautismo era una influencia santificadora", y añade que una persona llega a ser así "un vaso santificado",[38] con "todo el poder y las facultades de su alma puestas en dulce sujeción a la voluntad de Dios".[39] Dice él que esto produce el "amor perfecto".[40]

Posteriormente, en el último punto del sermón, afirma que "millones habían sido regenerados por el Espíritu de Dios, en forma previa a este don del Espíritu Santo después que Cristo fue glorificado".[41] Y ve también este bautismo como un poder, cuando dice que el "poder de lo alto fue entregado a través de este bautismo".[42] Luego señala que el plan de Cristo fue "que este poder original permaneciera hasta el fin del mundo con un pueblo que cree".[43]

Smith reconoce la urgencia de su mensaje. Dice él: "El único poder que hará volver a la iglesia a lo que los antiguos profetas predijeron que debía ser, y a lo que fue la iglesia primitiva, es el *bautismo con el Espíritu Santo*, del cual ahora generalmente ignora y carece".[44]

Nunca antes, en ningún lugar, se había explicado la entera santificación a través del bautismo del Espíritu en forma tan clara. Y nadie lo había entendido en forma tan similar a la enseñanza dada por el movimiento de santidad desde 1900. S. S. Smith usó el término "con", demostrando que se trata del bautismo de Cristo, no con agua esta vez, sino con el Espíritu Santo. De esta manera, sigue siendo cristológico, tal como se ve en el Nuevo Testamento (véase Mateo 3:11-12).

D. Otras Contribuciones

Los metodistas Timothy Merritt y D. S. King, que publicaron juntos *Guide to Christian Perfection* (guía para la perfección cristiana), contribuyeron grandemente al desarrollo de la doctrina de santidad al publicar muchos artículos y sermones importantes. Unos meses antes de publicar el artículo de Smith, habían publicado un artículo más corto, titulado

"Short Sermon —the Baptism of the Holy Ghost" (sermón corto —el bautismo del Espíritu Santo), escrito por "H. C.", que era Henry Cowles, de Oberlín. El texto de este sermón es Hechos 1:5 (Reina-Valera 1960): "Vosotros seréis bautizados con el Espíritu Santo dentro de no muchos días". En este sermón, Cowles afirma que las "bendiciones" prometidas en este bautismo no incluían "la gracia de la conversión, o regeneración". El dice que "los apóstoles se habían convertido unos años antes". Aunque él no declara expresamente que este bautismo efectúa la entera santificación o perfección cristiana, afirma que produjo "amor" y un testimonio sin temor, cuyo resultado fue "un cambio más extraordinario aun que el de su primera conversión". En otro sermón de aquella época, Cowles habla de la "acción santificadora" del Espíritu, y del Espíritu que "purifica nuestros corazones".

Además de estos dos sermones de Cowles, los editores publicaron cuatro cartas y artículos de un ministro presbiteriano, Charles Fitch, quien básicamente enseñaba también la entera santificación a través del bautismo del Espíritu.

George Peck tiene considerables escritos sobre la perfección cristiana, pero en ninguno de ellos trata extensamente sobre la entera santificación a través del bautismo con el Espíritu Santo. Sin embargo, en un artículo de 34 páginas sobre "perfección cristiana", donde habla acerca de la forma en que ésta se "obtiene", dice algo que es bastante claro al respecto: "Es señalado en especial como la obra del Espíritu Santo al denominarlo *bautismo del Espíritu Santo, santificación del Espíritu,* etc. Este punto de vista de nuestros autores [se refiere a Fletcher y otros metodistas] es que la obra es *efectuada y confirmada por la acción directa del Espíritu de Dios en el alma".* [45]

El obispo metodista Hamline escribió un extenso testimonio titulado "Baptism" (bautismo), publicado en 1843 en el *Ladies' Repository* (depositario de las damas) (del cual era redactor), y reimpreso en *Guide to Holiness* en 1846. Presentando su testimonio en tercera persona,[46] el obispo dedicó varias páginas a un cuidadoso relato de su experiencia de entera santificación, la cual, dijo, ocurrió por el bautismo del Espíritu Santo.

E. Contribución de Phoebe Palmer

Phoebe Palmer —antes mencionada en este capítulo, escritora metodista con un ministerio laico como evangelista— a mediados de la década de los cincuenta en el siglo XIX, llegó a comprender que la entera santificación es efectuada por el bautismo del Espíritu. Permaneció cuatro años en Inglaterra, aproximadamente durante los años de la guerra civil en Estados Unidos, y enseñó allí este aspecto de la doctrina de santidad, publicando informes sobre su trabajo en *Guide to Holiness*, en forma de cartas a su hermana y a otros. En 1859, su carta desde Newcastle dice que había enseñado sobre "el derramamiento de poder, el bautismo pleno del Espíritu Santo, como la indispensable, sí, como la absoluta necesidad de todos los discípulos de Jesús".[47] La contribución de la señora Palmer a la doctrina y experiencia de la entera santificación en forma general, fue mucho más significativa que su contribución respecto al aspecto específico de que la segunda gracia ocurre por el bautismo del Espíritu.

F. Importancia Estratégica de Asa Mahan

En 1862, en la Universidad de Adrian, Asa Mahan presentó como conferencias el material que publicaría en 1870 como *The Baptism of the Holy Ghost* (el bautismo del Espíritu Santo), libro de amplia circulación y gran impacto, tanto en Inglaterra como en el continente europeo (a través de traducciones), pero más aún en Estados Unidos. Es un libro fundamental sobre este aspecto de la doctrina de la entera santificación.

El principal propósito de Mahan en su libro consiste en demostrar que el bautismo del Espíritu es una segunda obra de gracia: los candidatos para recibirlo son los creyentes. Hace hincapié en el aspecto del poder en el Pentecostés, y no en la limpieza; pero, aunque apenas lo menciona, también enseña que el bautismo limpia del pecado. Se diferencia de otros escritores de santidad al dar gran importancia a la venida del Espíritu sobre Jesús en el momento de su bautismo en agua. Este no pudo ser para purificarlo del pecado —el pecado original. Le dio poder para el ministerio que tenía por delante.

Mahan creía también que las palabras de Cristo, cuando sopló sobre sus discípulos y dijo: "Recibid el Espíritu Santo", se cumplieron en el Pentecostés. Dice él:

> Cuando nuestro SALVADOR se apareció a sus discípulos y sopló sobre ellos, diciendo: "Recibid el Espíritu Santo", El lo hizo, no porque hubiese alguna virtud en ese soplo, o en las palabras que pronunció, o porque el "don del ESPÍRITU" sería otorgado en ese momento como lo había prometido. Un período considerable transcurrió entre el tiempo de los eventos aquí registrados, y el del bautismo

pentecostal. Estos hechos ocurrieron (véase Juan 20:22) en el primer encuentro de CRISTO con sus discípulos después de su resurrección; mientras que el bautismo del Pentecostés sucedió 40 días más tarde. Entonces, ¿cuál fue el propósito de nuestro SALVADOR en lo que hizo y dijo? Evidentemente fue para inducir en sus corazones ese estado de *expectación en la espera* y de *preparación interior*, que son los prerrequisitos necesarios para recibir el don supremo de DIOS.[48]

El sostuvo la posición de que, en Samaria, muchos ya se habían convertido, y posteriormente vino el Espíritu Santo sobre ellos. Y respecto al "Pentecostés en Efeso", dice:

> Pablo hizo esta pregunta a los doce creyentes con los que se reunió en Efeso: "¿Recibisteis el ESPÍRITU SANTO después que creísteis?", o como algunos traducen el original: "¿Recibisteis el ESPÍRITU SANTO cuando creísteis?" Si esta doctrina es correcta, ¿por qué hizo esta pregunta, y no la otra igualmente pertinente, es decir: "¿Recibisteis el perdón de vuestros pecados después que creísteis?", o: "¿Recibisteis el perdón de vuestros pecados cuando creísteis?" Si él hubiese sostenido y enseñado el dogma de que ambas bendiciones se reciben siempre, y a la vez, en el instante en que la persona cree, habría podido preguntar si recibieron una bendición, o la otra, y la pregunta habría sido absurda en cualquiera de los casos.[49]

Mahan creía, como cree la mayoría actualmente, que en la conversión sí recibimos el Espíritu Santo, pero no en su plenitud como en el bautismo. De esta manera interpreta 1 Corintios 12:13, que nos dice: "Pues por un Espíritu todos fuimos bautizados en un cuerpo, ya judíos o griegos, ya esclavos o libres, y a todos se nos dio a beber de un Espíritu". El dice: "El Espíritu Santo había dado a los discípulos 'arrepentimiento para vida', y 'estaba con ellos' como una presencia santificadora, de sus cuerpos había hecho su templo, y los había 'bautizado en un cuerpo', antes de Pentecostés".[50] Pero la referencia aquí es al bautismo en agua, no al bautismo del Espíritu. Puesto que nadie viene al Padre a menos que el Espíritu lo guíe hacia El, como creyentes somos bautizados en agua, simbolizando que renunciamos a nuestros pecados, por el Espíritu Santo, que nos ayudó a acercarnos a Cristo.

Mahan señala también lo que dice Romanos 8:9: "Si alguno no tiene el Espíritu de Cristo, el tal no es de El". Por tanto, al referirse a Cornelio y los de su casa, él dice: "Ellos deben haber tenido 'el Espíritu de Cristo', o no habrían podido ser de El".[51] Tenemos el Espíritu al *nacer* del Espíritu, en la conversión. Recibimos el Espíritu al ser *bautizados* con El, en la entera santificación.

Como vimos antes, Mahan subraya el poder en el Pentecostés y no su aspecto de limpieza. Sin embargo, en forma más o menos vaga, menciona que en esa ocasión el creyente es purificado. Considera, por ejemplo, que la profecía de Ezequiel 36, sobre el agua rociada sobre nosotros, se cumple en el Pentecostés.

G. Enseñanza de J. A. Wood Sobre la Purificación

J. A. Wood fue mucho más wesleyano que Mahan y Finney respecto a la doctrina del pecado original. Enseñó que la entera santificación es producida por el bautismo con el Espíritu Santo, y que es un derramamiento de poder. Pero, más importante aún, él afirmó que en ese momento somos limpiados del pecado. Por mucho tiempo fue un evangelista del movimiento de santidad, predicando en muchas de las reuniones especiales que se iniciaron con el fin de promover la santidad entre las denominaciones —especialmente en el metodismo. En 1861, al cumplir 32 años, escribió su importante obra, *El Amor Perfecto*. En el prefacio de una edición revisada que se publicó 20 años después, él pudo escribir:

> Es un placer que después de veinte años de lectura, estudio y mayor experiencia desde el primer escrito, no encuentro ningún punto esencial al cual deba renunciar, por lo tanto mi trabajo ha sido sistematizar, expresar en forma más clara, extender, fortalecer y agregar otros temas importantes.[52]

Wood escribe en el momento "en que el alma es bautizada por el Espíritu Santo, el pecado es totalmente destruido, y el amor, puro, perfecto amor, llena completamente el corazón".[53] Dice también:

> Los discípulos eran cristianos antes del Pentecostés. Habían sido separados del mundo; fueron los siervos y compañeros de Cristo; habían predicado de Cristo y la resurrección; habían echado fuera demonios, amaban al Salvador, y negándose a sí mismos, tomaron su cruz, y lo siguieron.[54]

Pareciera que, en este período, hubo una corriente de pensamiento que comenzó a ver la entera santificación como obra efectuada por el bautismo con el Espíritu Santo. Hacia 1885, era una enseñanza aceptada casi por todos en el movimiento de santidad. Ese año, la Asamblea General de Santidad hizo una declaración de fe sobre la doctrina de la entera santificación, afirmando que era producida por el bautismo con el Espíritu Santo. El joven A. M. Hills, graduado de Oberlín, que más tarde escribiría importantes libros sobre la entera santificación y una gran obra de teología sistemática, escribió entonces:

> Estamos preparados ahora para dar una definición formal de la santificación o santidad bíblica, que probablemente sería aceptada por los trescientos profesores y predicadores de la Asociación Nacional de Santidad de Estados Unidos... La entera santificación es una segunda obra de gracia efectuada por el bautismo con el Espíritu Santo en el corazón del creyente, subsecuente a la regeneración, recibida instantáneamente por fe, por la cual el corazón es limpio de toda corrupción y lleno con el amor perfecto de Dios.[55]

Al respecto, John Peters señala:

> Esta definición tuvo algo de la fuerza de un "credo de los apóstoles" dentro del movimiento de santidad. Se limitó, como aquella primera gran declaración, a los temas específicos en controversia, y logró descubrir lo incierto y eliminar el descontento. Esta fue la fraseología en que la doctrina se presentó, y su fuerza se encuentra en su intensidad.[56]

H. Daniel Steele

Indudablemente, el autor más erudito y más respetado en el movimiento de santidad fue Daniel Steele, rector fundador de la Universidad de Syracuse, donde comenzó, desde 1870, a impulsar el concepto de que el bautismo con el Espíritu Santo es lo que efectúa la entera santificación. Fue quizá el escritor más prolífico de libros sobre santidad en su época, y una de sus primeras obras fue *Love Enthroned* (el amor entronizado), publicada en 1878. En la década de los noventa escribió otros libros sobre santidad. Fue profesor de Griego del Nuevo Testamento en la Universidad de Boston de 1884 a 1893, y allí enseñó también teología sistemática.

En *Love Enthroned* enseña enérgicamente que el bautismo con el Espíritu Santo es lo que efectúa una entera santificación verdadera, al "estilo metodista". Dice él: "La conclusión es inevitable, que el bautismo del Espíritu Santo incluye la extinción del pecado en el alma del creyente como la parte negativa y menor, y la plenitud de amor derramado en el corazón como la parte positiva y mayor; en otras palabras, incluye la entera santificación y la perfección cristiana".[57]

Para Steele, una de las "pruebas" especiales de que el bautismo del Espíritu es un "sinónimo de entera santificación" es el "comentario incidental de Pedro en Hechos 15:9, de que el Espíritu Santo vino a

Cornelio y a su casa cumpliendo su oficio como Santificador, 'purificando por la fe sus corazones'".[58]

Steele no ve problema alguno respecto a Cornelio. El dice: "Que recibieran el Espíritu Santo en su plenitud presupone que ellos [los de la casa de Cornelio] antes se habían arrepentido para vida".[59] Continúa diciendo: "Entendemos que el bautismo, la unción, la plenitud, la permanencia, la morada, la comunión constante, el sello, la señal, del Espíritu Santo, son términos equivalentes que expresan el estado de perfección cristiana".[60]

Steele da varias pruebas para apoyar la posición de que "antes del día de Pentecostés los apóstoles habían experimentado el nuevo nacimiento".[61] Ellos eran "pámpanos", estaban "limpios" y "no eran del mundo".

II. EL MOVIMIENTO DE SANTIDAD: PERÍODO INTERMEDIO

El período de 1885 en adelante, pero que no incluye a los exegetas y teólogos de santidad que viven actualmente, puede ser considerado como el período intermedio del movimiento de santidad.

A. Sus Características

Este período intermedio fue la época en que la palabra "pentecostal" comenzó a usarse ampliamente, casi como sinónimo de entera santificación. Muchas de las nuevas denominaciones que se formaron incluyeron el término "pentecostal" en sus nombres. En 1907, algunas de estas denominaciones del este de Estados Unidos se unieron con la denominación de santidad de Phineas Bresee en el oeste, y fueron conocidas como Iglesia Pentecostal del Nazareno. La palabra *pentecostal* se usó también en los nombres de publicaciones. En 1897, *Guide to Holiness* cambió la última parte de su nombre ("*and Revival Miscellany*" —y miscelánea de avivamiento) por "*and Pentecostal Life*" (y vida pentecostal). Las reuniones pentecostales, los testimonios pentecostales y los grupos pentecostales dentro de las iglesias locales eran los temas comunes en las revistas de santidad. Desafortunadamente, en la segunda década de nuestro siglo, comenzó a asociarse el término "pentecostal" con aquellos que hablaban en lenguas. Por tanto, en 1919 se eliminó esa palabra del nombre de la Iglesia Pentecostal del Nazareno. Sin embargo, aún se usaba con frecuencia en la literatura de santidad.

Durante ese período intermedio se formaron numerosas denominaciones, con sus respectivas universidades. En un principio se pensó que las personas del movimiento de santidad debían permanecer en sus diferentes denominaciones y tratar de ser una influencia para el crecimiento. Se formaron asociaciones de santidad para esas personas en diferentes lugares. Las reuniones especiales de santidad invitaban a los más conocidos predicadores y escritores de santidad.

Sin embargo, finalmente muchos estuvieron de acuerdo en que, permanecer en denominaciones que realmente no los querían, no era lo más apropiado para extender la santidad bíblica, y más bien debían salir de las denominaciones y formar otras nuevas que estuviesen consagradas a la doctrina de santidad. Para la mayoría, significó dejar el metodismo, donde algunos de sus obispos, en esa época, hacían pronunciamientos oficiales contra los miembros del movimiento de santidad. Peters comenta: "Hacia 1900 la mayor parte de los osados defensores de la santidad... se habían retirado o se les animaba a dejar el Metodismo Episcopal Americano. El movimiento de santidad había entrado completamente en el período de separación y división".[62]

B. Sus Escritores

Phineas Bresee, fundador de la Iglesia del Nazareno, que llegó a ser la más grande de estas denominaciones de santidad, enseñó que el bautismo del Espíritu efectúa la entera santificación. William McDonald[63] y J. A. Wood, que compartían esta enseñanza, en 1886 tuvieron una reunión en la Iglesia Metodista que Bresee pastoreaba en Pasadena, California, y parecen haber ejercido gran incluencia sobre él.[64]

En 1895, en la reunión de organización de la Iglesia del Nazareno, J. A. Wood dirigió lo que llegó a ser la primera de las reuniones anuales de santidad. Numerosos evangelistas prominentes de la Asociación Nacional de Santidad habían predicado ya en la iglesia de Bresee, y lo convencieron de la validez de esta posición. Uno de esos evangelistas, I. G. Martin, aunque no fue tan conocido como muchos otros, escribió un pequeño libro en el que cita estas palabras de Bresee: "Nos regocijamos por vivir en un Pentecostés permanente".[65]

En 1894, Bresee escribió un capítulo sobre el "bautismo con el Espíritu Santo", como parte de una obra de 425 páginas sobre la santidad, editada por William Nast y titulada *The Double Cure* (la cura doble).[66] En él, Bresee dice: "No es necesario proclamar muy enfáticamente que éste es el tiempo del bautismo del Espíritu Santo".[67] Dice también: "Este bautismo con el Espíritu Santo imparte poder al alma",[68] pero va más allá del aspecto del poder, para afirmar que es el momento para la purificación del corazón. Bresee dice:

> *Purificó sus corazones.* Pedro hace claramente esta declaración en el concilio de Jerusalén, contándoles cómo Dios lo guió, y justificando su visita a Cornelio, un gentil, por el hecho de que el Espíritu Santo fue derramado sobre él y los que estaban reunidos con él, como sucedió con ellos en el principio, sin hacer ninguna diferencia entre ellos —"purificando por la fe sus corazones"— evidentemente declara que el bautismo del Espíritu Santo purifica el corazón.[69]

Fue al año siguiente cuando Bresee estableció la Iglesia del Nazareno. Desde su nacimiento esta iglesia tuvo el bautismo con el Espíritu Santo en sus labios.[70] Para estas personas, predicar que la entera santificación es producida por un bautismo, les produjo una ventaja homilética especial. Puso el concepto de la entera santificación en términos de algo concreto, que podía ser visualizado y quizá mejor comprendido.

El discurso de Bresee ante la asamblea general nazarena de 1903, muestra lo importante que fue para él este aspecto de la doctrina de santidad:

> El fuego del Pentecostés en el cual esta iglesia nació no ha disminuido... La santificación de los creyentes efectuada por nuestro Señor resucitado a través del bautismo con el Espíritu Santo, dando poder para testificar de El, no ha cesado... Por dondequiera predomina entre nosotros la profunda convicción de que la verdad dispensacional es que Cristo Jesús bautiza con el Espíritu Santo, purificando, llenando y dando poder... El resultado es que nuestra gente vive, mayormente, en la gloria pentecostal.[71]

Podríamos mencionar muchas referencias de los escritos de Bresee a la experiencia "pentecostal", como el editorial en el *Nazarene* (el nazareno) del 7 de enero de 1904:

> Vivimos en la dispensación cuando Cristo Jesús bautiza con el Espíritu Santo, y cuando la convicción de los pecadores, y el poder de los creyentes para realizar la obra de Jesucristo en el mundo depende de haber experimentado este bautismo... La entrada del Espíritu Santo en nuestros corazones [hace] por nosotros lo que El hizo por los discípulos el día de Pentecostés, purificando nuestros corazones por la fe... Lo que cada corazón debe tener es el bautismo de Jesús con el Espíritu Santo.[72]

Bresee parece preferir "el bautismo con el Espíritu Santo" por sobre los muchos otros nombres que se usaban entonces para la entera santificación.[73]

William McDonald, que estuvo asociado con Bresee desde el principio, habla en los mismos términos cuando dice: "Si el bautismo del Espíritu Santo purificó los corazones de los primeros discípulos de aquella depravación que permanecía con y en ellos, aun después de haber sido llamados, aceptados y enviados por Jesús, entonces puede hacer lo mismo por nosotros. Como a ellos, un Pentecostés nos espera".[74]

Por ese mismo período, Dougan Clark enseña en forma similar en su excelente obra, *The Theology of Holiness* (la teología de la santidad):

"Y Dios, que conoce el corazón, les dio testimonio dándoles el Espíritu Santo, así como también nos lo dio a nosotros; y ninguna distinción hizo entre nosotros y ellos, purificando por la fe sus corazones". Evidentemente aquí el principal entre los apóstoles nos da a entender que el derramamiento del Espíritu Santo, y la purificación del corazón por la fe, son experiencias co-instantáneas e idénticas. Y si es así, el Espíritu Santo, que es una persona divina, y no sólo una influencia, debe ser el agente que efectúa la purificación del corazón, es decir, es El quien por su energía divina nos santifica por completo.[75]

En los inicios del período intermedio del movimiento de santidad, E. F. Walker, que posteriormente fue superintendente general de la Iglesia del Nazareno, escribió *Sanctify Them* (santifícalos), basado en la oración de Cristo en Juan 17:17 y su cumplimiento en el Pentecostés. El dice: "La oración de Jesucristo por sus discípulos, 'Santifícalos en la verdad', es lo mismo que Pablo oró por los tesalonicenses para que Dios los 'santifique por completo' (1 Tesalonicenses 5:23). Es decir, una santificación completa —de espíritu, alma y cuerpo— todo el ser apartado de todo pecado y unido a Dios".[76]

La posición de A. M. Hills[77] fue también la del movimiento de santidad respecto a la entera santificación que es efectuada a través del bautismo con el Espíritu Santo. Además de enseñarla en muchas formas, lamenta que sea una doctrina olvidada por "las principales denominaciones protestantes en Estados Unidos", y agrega: "La verdadera causa de nuestro debilitamiento es: 'El Olvido del Pentecostés'. Los seguidores de Cristo por lo general han dejado de acudir al lugar sagrado y buscar, con oración inoportuna, el BAUTISMO CON EL ESPÍRITU SANTO".[78] A pesar de esto, él creía que la doctrina había alcanzado cierto respeto.

Escribe él: "La doctrina de una posible liberación del pecado a través del bautismo con el Espíritu ha recibido una respetable atención en vez de un rechazo despectivo".[79] Deplora el descuido de Oberlín-Keswick respecto a la enseñanza de la limpieza, y dice: "Hay una clase de profesores religiosos que propugnan el Pentecostés, pero dan poca importancia a la experiencia. Recomiendan el bautismo con el Espíritu Santo, pero niegan su eficacia para purificar el corazón del pecado innato".[80]

Al igual que Bresee, Hills y otros, E. P. Ellyson también asocia el Pentecostés con la entera santificación, y escribe: "La expiación ha provisto una experiencia más profunda en la que se realiza una limpieza completa del estado pecaminoso. Esta limpieza es una parte de la obra del bautismo con el Espíritu Santo".[81] Aquí él se aleja del uso de Oberlín de la expresión "bautismo del" en vez de "bautismo con" el Espíritu, como lo estaba haciendo la mayoría de los escritores de su tiempo. Asimismo, al igual que los otros, indica que una verdadera purificación se lleva a cabo, y no simplemente un derramamiento de poder —como Mahan y Finney señalaban casi exclusivamente.

El principal teólogo del movimiento de santidad, H. Orton Wiley, explica: "El bautismo con el Espíritu... debe considerarse desde dos aspectos: *primero*, como una muerte a la naturaleza carnal; y *segundo*, como la plenitud de vida en el Espíritu".[82] Continúa diciendo: "Puesto que la entera santificación es efectuada por el bautismo con el Espíritu, tiene asimismo un doble aspecto —la limpieza del pecado y la plena consagración a Dios".[83] Parece extraño que en su *Teología Sistemática*, de 1,468 páginas en tres volúmenes, Wiley dedique menos de una página al "Bautismo con el Espíritu" bajo ese título. Sin embargo, por dondequiera, en esta gran obra, él enseña con frecuencia sobre la entera santificación por el bautismo del Espíritu. En una de estas referencias, dice: "Nada puede ser más evidente que el hecho de que el bautismo con el Espíritu Santo efectúa una limpieza interior y espiritual, que es mucho más profunda que el bautismo de Juan. Uno fue para remisión de los pecados, el otro para la erradicación del principio de pecado".[84] En esta referencia también dice, en forma contraria a Wesley: "Este bautismo se aplica solamente a los cristianos, no a pecadores".[85]

Tal como Hills, Ellyson y muchos otros en el movimiento de santidad, Wiley tampoco se dio cuenta de que, al relacionar la entera santificación y el bautismo con el Espíritu Santo, él difería de Wesley. Creemos que fue así porque Wiley menciona a Wesley dando a entender que el gran metodista estaba totalmente de acuerdo con él.[86]

S. S. White, de gran prestigio entre los teólogos de santidad, escribió extensamente sobre el tema. En su obra *Five Cardinal Elements in the Doctrine of Entire Sanctification* (cinco elementos fundamentales en la doctrina de la entera santificación), señala el bautismo con el Espíritu Santo como uno de esos elementos. Dice que la entera santificación y el bautismo con el Espíritu Santo "son simultáneos —idénticos en el tiempo, pero no necesariamente en significado".[87] Y escribe: "La causa eficiente [una referencia a Aristóteles, ya que White fue un filósofo y teólogo a la vez] de la entera santificación es el bautismo de Jesús con el Espíritu Santo".[88] (El deseaba ansiosamente que no dijéramos "de", sino "con" el Espíritu —indicando que el bautismo era de Jesús y no del Espíritu Santo mismo. White era cristológico —no neumatológico, como fue la tendencia de la escuela de Oberlín).

White vio a Cornelio como "un hombre salvo" (Hechos 10:2, 22) que luego "recibió el bautismo con el Espíritu Santo" (Hechos 10:44).[89] Y relacionó ese Pentecostés en Cesarea con la purificación del pecado, al explicar: "Cuando el Espíritu Santo cayó sobre Cornelio, su corazón fue purificado o santificado" (Hechos 15:8-9).[90]

Respecto a la oración sacerdotal de Cristo en Juan 17, él dice: "El Pentecostés descrito en Hechos 2 es la respuesta a la gran oración sacerdotal de Jesús por la santificación de sus discípulos (Juan 17). Si no fuera así, no habría motivo para creer que la oración de Cristo fue contestada alguna vez".[91] Sin duda, una de las razones por las que White buscó la respuesta en una ocasión, en un hecho específico, es porque "santifícalos", en la oración, está en el tiempo aoristo puntual. White usaba este tiempo con cautela al enseñar sobre lo instantáneo de la segunda bendición, pero lo usó en este punto.

Charles Ewing Brown fue, junto con Hills, Wiley y White, uno de los teólogos de mayor fuerza en la historia del movimiento de santidad, y fue un erudito de la Iglesia de Dios (Anderson, Indiana). En su obra tan completa, *The Meaning of Sanctification* (el significado de la santificación), dedica un capítulo de 12 páginas al bautismo con el Espíritu Santo.

Al hablar de las diferentes experiencias pentecostales en Hechos, Brown dice: "En cada una de estas ocasiones hay una evidencia razonable de que las personas bautizadas así con el Espíritu Santo se habían convertido antes —eran verdaderos creyentes regenerados".[92] Considera asimismo que la oración de Cristo por la santificación de sus discípulos fue respondida en el Pentecostés.[93]

Es interesante señalar que Brown (a diferencia de muchos otros) está consciente de que "los primeros teólogos wesleyanos" tuvieron un punto de vista diferente sobre el Pentecostés. El escribe: "Aun los primeros teólogos wesleyanos estuvieron errados... no dieron la enseñanza correcta sobre el bautismo del Espíritu Santo".[94] Añade: "Es cierto que ellos interpretaban la santificación como una experiencia de crisis, pero la mayoría de sus textos eran de otras partes del Nuevo Testamento".[95] Brown mismo dice que "la descripción bíblica de ese bautismo con el Espíritu Santo lo presenta específicamente como una purificación del corazón".[96] Aquí él está pensando especialmente en Hechos 15:8-9.

III. El Movimiento de Santidad: Período Actual

Varios factores caracterizan el período actual del movimiento de santidad. Uno de ellos es que contamos con una mayor erudición. En su mayoría, la literatura es más sustancial. Se han escrito varias disertaciones sobre el tema a nivel de doctorado, y algunas han sido publicadas en forma de libro —obras de personas como George Allen Turner, Leo Cox y Charles Jones.

Al contar actualmente con cinco seminarios teológicos de santidad, las personas elegidas para el ministerio de santidad reciben mejor educación que antes, lo cual hace que tanto ministros como laicos demanden mayor número de materiales avanzados para estudio.

La literatura no sólo es más erudita, sino más bíblica —bíblica aun en su exégesis. Anteriormente se consideraba la Biblia como un apoyo más para la doctrina, junto con la filosofía, la sicología, etc. Pero el movimiento de santidad se está liberando de la subordinación que antes tenía frente a la filosofía para defender la doctrina. Las Escrituras son mucho más importantes para nosotros hoy. La filosofía y la sicología tienen valor, pero solamente como medios para comprender la única fuente —las Escrituras.

S. S. White, en sus *Five Cardinal Elements*, apoyó cada aspecto de la doctrina de la entera santificación desde tres puntos de vista: las Escrituras, la razón y la experiencia —que es más o menos lo que Juan Wesley hizo. Pero actualmente, la mayoría tiene interés sólo en lo bíblico, y consideran las otras áreas solamente cuando ayudan a comprender el significado de la Biblia. Si las Escrituras nos enseñan algo en forma clara, es lo único que necesitamos. Si está de acuerdo con la razón humana, bien; si no lo está, lo sentimos por la razón humana.

Lo mismo se aplica a la sicología, sociología u otra área. Todas éstas sirven solamente para interpretar y aplicar las Escrituras. No son fuentes de autoridad junto con la Biblia. Tampoco corroboran o confirman las Escrituras en el sentido de hacer más verdadero o válido lo que ellas enseñan.

Otra característica del período actual es que la mayor parte de la literatura va dirigida al movimiento de santidad en general y no tanto a una determinada denominación. Hay mayor conciencia e interés de unos y otros. Muchos proyectos de publicaciones son esfuerzos unidos, como los programas de "Aldersgate". La Sociedad Teológica Wesleyana reúne a eruditos para la presentación de conferencias, y publica la *Wesleyan Theological Journal* (revista teológica wesleyana). La Asociación Cristiana de Santidad ha sido revitalizada en los últimos años con convenciones anuales que cuentan con gran asistencia.

Los actuales escritores sobre la doctrina de santidad se mantienen cerca de los puntos de vista tradicionales del movimiento de santidad, aunque con algunas variantes.

William M. Greathouse, uno de los escritores más prolíficos, se sitúa resueltamente en la posición de la entera santificación a través del bautismo del Espíritu. Conoce bien a Wesley, habiendo enseñado sobre la teología de Wesley por varios años en el Seminario Teológico Nazareno cuando era su rector. Sin embargo, a diferencia de Wesley, las obras que ha publicado están dentro del movimiento de santidad respecto al tema del bautismo del Espíritu.

Greathouse señala que la asociación del Pentecostés con la regeneración es un punto de vista que no merece ser considerado. Lo califica de "hipótesis forzada",[97] y dice: "El nacimiento precede al bautismo —tanto en el área física como la espiritual. Cada uno es completo y distinto en sí mismo. El nacimiento indica la vida que es impartida; el bautismo implica purificación".[98] Por lo tanto, concuerda con Wesley y el movimiento de santidad en general, en que recibimos el Espíritu en cierta manera en la conversión. El escribe: "Que recibimos el Espíritu en la justificación no sólo debe ser admitido sino subrayado por aquellos que aceptan la autoridad del Nuevo Testamento (Gálatas 3:1-2). Todos los creyentes tienen el Espíritu Santo".[99] Como base para esta enseñanza señala Romanos 8:9 (y 1 Corintios 3:16; 6:19; Efesios 2:2). Y continúa: "El nacimiento del Espíritu es ese acto de Dios por el cual un alma...

comienza a vivir para Dios; el bautismo con el Espíritu pone esa nueva vida bajo el total y absoluto [un poco fuerte] control del Espíritu Santo".[100]

Greathouse considera que la profecía de Juan el Bautista sobre el Pentecostés (Mateo 3:11-12; Marcos 1:8; Lucas 3:16-17) es una "referencia a la profecía de Malaquías, particularmente a 3:1-6 donde leemos: '¿Pero quién podrá soportar el día de su venida? ¿Y quién podrá mantenerse en pie cuando El aparezca? Porque *El es como fuego de fundidor* y como jabón de lavanderos' (Malaquías 3:2)". Ve también el Pentecostés como el cumplimiento de profecías en Joel, Jeremías y Ezequiel. Considera Ezequiel 36:25-27 como "la base clásica para la posición de que el don prometido del Espíritu significaría santificación y capacitación moral".[101]

El aspecto más importante es que Greathouse ve el Pentecostés como la ocasión en que los creyentes fueron purificados del pecado. El dice, por ejemplo: "Los wesleyanos creen que el Pentecostés trajo pureza de corazón",[102] también: "El bautismo con el Espíritu es un proceso ardiente, purificador, que depura la escoria del pecado de los corazones de quienes lo reciben",[103] y: "Desde nuestra perspectiva wesleyana, el bautismo pentecostal con el Espíritu Santo depura de pecado el corazón del creyente".[104] Quizá podamos añadir una cita más de su pluma: "El patrón permanente del Pentecostés para todo tiempo fue la pureza de corazón a través del bautismo con el Espíritu Santo".[105]

Como se mencionó antes, aunque algunos wesleyanos hasta ahora están considerando si el Pentecostés se repite, en el sentido de si podemos tener hoy experiencias como las del Pentecostés, Greathouse afirma que se repite, no históricamente, sino como experiencia. El considera que se repitió para Cornelio y los de su casa, e insiste en que, aquí, "bautizados" se refiere a lo que sucedió. Junto con otros, él cita Hechos 2:39: "Porque la promesa es para vosotros y para vuestros hijos, y para todos los que están lejos; para tantos como el Señor nuestro Dios llame", y afirma que "estos que están lejos" nos incluye también a nosotros.[106]

William Greathouse se sitúa fuertemente en el movimiento de santidad. Si desde el principio ha sabido que Wesley, a quien aprecia tanto, veía el asunto en forma diferente, no lo menciona. En repetidas ocasiones se llama a sí mismo "wesleyano".[107]

George A. Turner reconoce que Wesley mismo nunca asoció el bautismo del Espíritu con la entera santificación, sin embargo, se une al pensamiento del movimiento de santidad en general en el sentido de que la entera santificación es efectuada por el bautismo del Espíritu.[108]

Acerca de los dos bautismos, con agua y con el Espíritu, Turner explica:

> El bautismo con el Espíritu es distinto del bautismo con agua; ambos deben ser perpetuados simultáneamente como bautismos separados. En los evangelios y en Hechos se hace una diferencia enfática y explícita (Mateo 3:11; Marcos 1:8; Lucas 3:16; Juan 1:33; Hechos 1:5; 9:18; 11:16; 19:2-6). Hacerlos sinónimos (regeneración bautismal) equivale a ir contra el sentido del Nuevo Testamento.[109]

Turner indica que en los sinópticos y Hechos tenemos referencias al bautismo del Espíritu que se pueden comparar con otros tipos de enseñanzas, como aquellas sobre la fe en las cartas de Pablo. Dice él: "[La enseñanza de los sinópticos y Hechos] se ha relacionado con la de Pablo sobre la fe para formar la idea de una crisis en la vida del creyente, una crisis en la cual la plenitud del Espíritu coincide con la entera santificación, y resulta en pureza, poder y eficacia".[110] Luego agrega: "Estos tres postulados —fe, bautismo y purificación— se encuentran unidos solamente en Hechos 15:9 (cf. 26:18)".[111] En su obra reciente, *Christian Holiness* (santidad cristiana), Turner dice: "La obra del Espíritu en la entera santificación se ve en Hechos 15:9 donde Pedro resumió la importancia del Pentecostés y también su experiencia en la casa de Cornelio, al decir: 'Dios no hizo ninguna diferencia entre nosotros y ellos, pues limpió también sus corazones por medio de la fe'" (*Versión Popular*).[112]

En enseñanzas más directas Turner dice: "El Pentecostés no se presenta como la iniciación en el discipulado; más bien trae purificación (Hechos 15:9) y poder (Hechos 1:8) a aquellos que ya son discípulos o convertidos".[113] Sostiene que era necesario que los discípulos, que ya eran cristianos, fueran limpiados, cuando dice:

> A pesar del hecho de que sus nombres estaban escritos en el cielo y, por tanto, podríamos llamarlos *convertidos* antes del Pentecostés, aún tenían muchas evidencias de "la vieja naturaleza". Mostraban actitudes mundanas como intolerancia, orgullo, egoísmo, prejuicios raciales y miedo. Después del Pentecostés, mostraron marcados contrastes en estos aspectos.[114]

Uno de los más prolíferos escritores de santidad en la actualidad, W. T. Purkiser, dice: "En una palabra, el bautismo y la consecuente plenitud del Espíritu son los medios por los cuales es producida la entera santificación".[115] En forma particular se opone fuertemente a la posición de la santificación gradual. El dice: "Un bautismo con el Espíritu Santo como con fuego no puede ser un proceso gradual, incompleto, como tampoco lo es un bautismo con agua. Ambos, de acuerdo con la naturaleza del caso, deben ser actos que se llevan a cabo en un momento dado".[116]

A pesar de que Wesley no asoció la entera santificación con el Pentecostés, Purkiser escribe: "Estamos convencidos de que el Nuevo Testamento da abundante justificación para asumir que el bautismo con el Espíritu y la entera santificación son dos aspectos de la misma obra de gracia divina en corazones cristianos".[117]

Su más reciente libro, *Interpreting Christian Holiness* (interpretando la santidad cristiana), resume su posición fundamental. Por ejemplo, considera que la oración de Cristo por santificación fue respondida en el Pentecostés. Dice él:

> El libro de Hechos registra el cumplimiento de la promesa y oración de Jesús concerniente al Espíritu Santo. Aunque el Pentecostés de Jerusalén en Hechos 2 tuvo un aspecto histórico que no se puede repetir, como inicio de una "edad del Espíritu" largamente esperada, su significado personal más profundo es confirmado por el Pentecostés samaritano de Hechos 8, el Pentecostés de Cesarea o gentil de Hechos 10, y el Pentecostés de Efeso en Hechos 19.[118]

Richard S. Taylor ha tomado también esta posición. Al tratar sobre la "Doctrina de Santidad" en la reciente obra *Dios, Hombre y Salvación*, lo hace con especial cuidado.

A manera de resumen, él dice: "Estas provisiones incluyen tanto la regeneración como la entera santificación, así como dirección y disciplina para unir la entera santificación y el bautismo con el Espíritu Santo. Este bautismo es distinto del nacimiento del Espíritu y subsecuente a él".[119] En forma similar sostiene las posiciones básicas al decir que los discípulos eran creyentes cristianos antes del Pentecostés, que la santidad "se perfecciona en el bautismo con el Espíritu Santo",[120] y que la oración de Jesús, "Santifícalos" (Juan 17:17), "obviamente encontró su cumplimiento en el día del Pentecostés".[121] En una declaración resumida, dice: "Cuando los creyentes son santificados por completo, son bautizados con el Espíritu Santo; y, cuando son llenos con el Espíritu Santo, son santificados por completo".[122]

Numerosos autores más recientes del movimiento de santidad han enseñado igualmente que la entera santificación es efectuada por el bautismo con el Espíritu Santo. Entre ellos se encuentran el fallecido D. Shelby Corlett (que escribió extensamente sobre el tema), el fallecido J.

Glenn Gould, Donald Metz, Willard H. Taylor y Arnold E. Airhart.[123] En verdad, antes de 1970 quizá no hubo un solo libro escrito por un erudito del movimiento de santidad en los 100 años previos, que no apoyara la posición de que el Pentecostés fue la ocasión en que los 120 discípulos recibieron la entera santificación.

Puesto que la entera santificación es producida por un bautismo, el bautismo con el Espíritu Santo, esto también asegura su instantaneidad, tema que veremos a continuación.

NOTAS BIBLIOGRÁFICAS

1. Leo George Cox, *El Concepto de Wesley Sobre la Perfección Cristiana* (Kansas City: Casa Nazarena de Publicaciones, 1983), p. 158.

2. Véase Juan Wesley, *The Works of the Rev. John Wesley* (Kansas City: Beacon Hill Press, s.f.), 12:416; 6:10-11.

3. *Ibid.*, 8:49. Recibimos el Espíritu en la conversión al nacer del Espíritu (Romanos 8:9; Juan 3:5). Pero las Escrituras a menudo usan "recibir el Espíritu Santo" como sinónimo de ser bautizado o dotado con el Espíritu (p. ej., Hechos 19:2). Wesley no hace distinción entre nacer del Espíritu en la conversión y ser bautizado con el Espíritu en la entera santificación. Creo que de esta manera se debe ver Romanos 8:9 y Hechos 19:2 en concordancia del uno con el otro.

4. Daniel Steele, *Steele's Answers* (Chicago: Christian Witness Co., 1912), pp. 130-31.

5. Cox, *El Concepto de Wesley sobre la Perfección Cristiana* (Kansas City: Casa Nazarena de Publicaciones, 1983), p. 158. Véase también Juan Calvino, *A Compend of the Institutes of the Christian Religion*, ed. Hugh T. Kerr (Filadelfia: Presbyterian Board of Christian Education, 1939), pp. 89-90.

6. Wesley, *Works*, 9:93.

7. *Ibid.*, 12:416.

8. Herbert A. McGonigle, "Pneumatological Nomenclature in Early Methodism", *Wesleyan Theological Journal*, 8 (Spring, 1973), pp. 61-72.

9. Cox, *El Concepto de Wesley sobre la Perfección Cristiana*, p. 161. Cox cita aquí a Peters, *Christian Perfection and American Methodism*, p. 107.

10. *Ibid.* Cox hace referencia a Adam Clarke, *The Holy Bible with a Commentary and Critical Notes* (Nueva York: Abingdon Press), 5:682-83.

11. Adam Clarke, *Christian Theology*, ed. Samuel Dunn (Nueva York: T. Mason and G. Lane, 1840), pp. 162-63.

12. Véase Joseph Benson, *The Life of the Rev. John W. de la Flechere*, pp. 152-53, citado por Peters, *Christian Perfection in American Methodism*, pp. 216-17.

13. Véase *Guide to Holiness* (enero de 1860), pp. 40-41, que se encuentra en la Sala de Libros Singulares de la biblioteca del Seminario Teológico Nazareno, Kansas City, Missouri.

14. Véase Donald W. Dayton, "The Doctrine of the Baptism of the Holy Spirit: Its Emergence and Significance", *Wesleyan Theological Journal*, 13 (Spring, 1978), p. 116.

15. Matthew Simpson, ed., *Cyclopaedia of Methodism* (Filadelfia: Everts and Stewart, 1878), p. 906.

16. *Ibid.*

17. John A. Knight, "John Fletcher's Influence on the Development of Wesleyan Theology in America", *Wesleyan Theological Journal*, 1978, p. 23. Véase también Coppedge, "Entire Sanctification in Early American Methodism, 1821-1835", *WTS Journal*, 1978.

18. Véase Thomas Coke, *The Experience and Spiritual Letters of Mrs. Hester Ann Rogers* (Londres: Milner and Somerby, s.f.), p. 14. Citado en Coppedge, *WTS Journal*, 1978, p. 46.

19. Coppedge, *WTS Journal*, 1978, p. 46.

20. Merrill E. Gaddis, "Christian Perfectionism in America" (Conferencia inédita para optar al doctorado en filosofía, Universidad de Chicago, 1929), p. 298.

21. *Ibid*, pp. 297-98.

22. *Ibid*, p. 295.

23. Coppedge, *WTS Journal*, 1978, p. 35.

24. *Ibid.* Esto se encuentra en la p. 105 de McDonald. Citado por Gaddis, *"Christian Perfectionism"*, p. 46.

25. *Ibid.*

26. Charles G. Finney, "The Promises No. 1", *Oberlin Evangelist*, editado por una asociación (Oberlín, Ohio: R. E. Gillet & Co., 22 de mayo de 1839), I, 87.

27. Véase Smith, *WTS Journal*, 1978.

28. Quizá debo mencionar aquí que, aun frases tales como "bautismo del Espíritu Santo" y "derramamiento del Espíritu", que parecen referirse a lo que ocurre en la entera santificación, para Finney no siempre tienen ese significado. A veces al hablar de "derramamiento", él parece referirse al frescor del avivamiento. Y anteriormente, en sus *Memoirs*, usa "bautismo del Espíritu Santo" para describir su experiencia de conversión en 1821. Dice él: "Regresé y cuando iba a sentarme cerca del fuego recibí un bautismo poderoso del Espíritu Santo. Sin esperarlo... el Espíritu Santo descendió sobre mí de manera tal que parecía estar atravesándome, cuerpo y alma" (*Memoirs of Rev. Charles G. Finney*, escrito por él mismo [Nueva York: A. S. Barnes and Co., 1876], p. 20). Timothy L. Smith dice en el artículo antes mencionado, en el *WTS Journal*, que Finney no recibió la entera santificación sino tres años después de sus artículos de 1839 y 1840, donde comienza a enseñar la entera santificación pentecostal. Concuerdo con Smith en que las *Memoirs*, llamadas también *Autobiography*, indican esto, aunque no lo expresan así en forma clara. Es interesante que en ese testimonio, que Smith califica de poco advertido, en *Autobiography*, Finney no usa la frase "bautismo del Espíritu Santo" ni una sola vez, pero sí la emplea en la misma obra respecto a su conversión en 1821. Y debemos mencionar que era un hombre anciano cuando escribió esto y llamó a su conversión un "bautismo del Espíritu Santo".

29. Charles G. Finney, *Lectures on Systematic Theology* (Oberlín: James M. Fitche, 1847), p. 210.

30. *Ibid.*, p. 386.

31. Véase *Congregational Necrology*, 1873, pp. 321-23.

32. Los editores Merritt y King incluyen una nota editorial al final del sermón de Smith, indicando que el año anterior habían publicado otro artículo con la misma enseñanza. Ellos dicen: "Incluimos un artículo de igual importancia en nuestro primer volumen. Pero al no ser

muy extenso, necesariamente fue menos explícito que el presente". Sobre el artículo de Smith, dicen: "Hermanos, léanlo, y léanlo otra vez. Y recibamos 'el poder de lo alto'..."

33. S. S. Smith, "Power from on High", *Guide to Christian Perfection*, Timothy Merritt y D. S. King, editores (Boston: T. Merritt and D. S. King, 32 Washington Street, D. Ela, impreso en 1840-41), p. 147.

34. *Ibid.*, p. 148.

35. *Ibid.*, p. 150.

36. *Ibid.*

37. *Ibid.*

38. *Ibid.*, p. 152.

39. *Ibid.*

40. *Ibid.*

41. *Ibid.*, p. 154.

42. *Ibid.*

43. *Ibid.*

44. *Ibid.*, p. 161.

45. George Peck, "Christian Perfection", *Methodist Quarterly Review*, editado por él mismo (Nueva York: G. Lane and P. P. Sanford, 1841), vol. XXIII, tercera serie, vol. I, p. 151.

46. Esto se debe a la necesidad que él veía de ser muy prudentes al testificar sobre la entera santificación, si alguien iba a dar testimonio sobre esta gracia.

47. Citado en Dayton, "Asa Mahan and the Development of American Holiness Theology", *WTS Journal*, 1974, p. 62. Es interesante que un libro que llegó a ser muy popular por ese tiempo, no enseñe sobre la entera santificación a través del bautismo del Espíritu —cuando, por el título, uno lo esperaría. Me refiero a *The Tongue of Fire* (la lengua de fuego), del inglés William Arthur, publicado en Estados Unidos en 1856 y traducido después a varios idiomas. Uno creería, por el título, que todo el libro consiste en una aclaración sobre este punto de vista. Sin embargo, aparecen algunos de los términos y ciertas indicaciones rudimentarias sobre el tema. Una de las ideas más cercanas la encontramos cuando Arthur escribe: "Pero 'Derramaré mi Espíritu sobre vosotros', 'Os rociaré con agua limpia', es un lenguaje y pensamiento conocidos por todos los lectores de la Biblia". Arthur tiene mayor interés en el poder de Pentecostés que en la limpieza del pecado original a través de ese evento. En gran parte, el título de su libro es simplemente una expresión literaria. El título no significa que Arthur hablará sobre el Pentecostés y su significado teológico. Lo que él desea es llegar al corazón del lector y no dirigirse a su intelecto.

48. Mahan, *Baptism of the Holy Ghost*, p. 60.

49. *Ibid.*, pp. v-vi.

50. *Ibid.*, p. iv.

51. *Ibid.* Es ampliamente aceptado que el Espíritu de Cristo no es Cristo mismo, sino el Espíritu Santo. Las palabras "de Cristo" significan "quien procede de Cristo eternamente".

52. John A. Wood, *Auto-Biography of Rev. J. A. Wood* (Chicago: The Christian Witness Co., 1904), p. 105.

53. Wood, *El Amor Perfecto*, p. 4 de la versión original inglesa.

54. *Ibid.*, p. 290.

55. Véase A. M. Hills, *Scriptural Holiness and Keswick Teaching* (Manchester: Star Hall Publishing Co, s.f.).

56. Véase Peters, *Christian Perfection and American Methodism.*

57. Daniel Steele, *Love Enthroned* (Appollo, Tenn.: The West Publishing Co., 1951), p. 66.

58. *Ibid.*, p. 67.

59. *Ibid.*, p. 68.

60. *Ibid.*, p. 70.

61. Daniel Steele, *Half-Hours with St. Paul* (Boston: The Christian Witness Co., 1895), p. 123.

62. *Ibid.*

63. McDonald señala que fue la obra pentecostal lo que Cornelio experimentó cuando Pedro dice que fueron purificados "por la fe sus corazones". Véase William McDonald, *Another Comforter*; o, *Personal Mission of the Holy Spirit* (Boston: McDonald, Gill and Co., 1890), pp. 61-72; también *Scriptural Way of Holiness* (Chicago: The Christian Witness Co., 1907), pp. 125-29.

64. Véase E. A. Girvin, *A Prince in Israel* (Kansas City: Pentecostal Nazarene Publishing House, 1916), pp. 87-94; Jones, *Perfectionist Persuasion*, pp. 97-98.

65. I. G. Martin, *Dr. P. F. Bresee and the Church He Founded* (Mansfield, Ill.: I. G. Martin, 1937), p. 44.

66. Phineas Bresee, "Baptism with the Holy Ghost", *The Double Cure*, ed. William Nast (Chicago: The Christian Witness Co., 1894).

67. *Ibid.*, p. 327.

68. *Ibid.*, p. 335.

69. *Ibid.*

70. Floyd T. Cunningham, en un trabajo de investigación presentado para una clase de Doctrina de la Santidad en el Seminario Teológico Nazareno de Kansas City.

71. Véase Girvin, *Prince in Israel*, p. 199.

72. *Ibid.*, p. 210.

73. *Ibid.*, pp. 234, 237, 249, 257, 258, 275.

74. McDonald, *Another Comforter*, p. 55.

75. Dougan Clark, *The Theology of Holiness* (Boston: The McDonald and Gill Co., 1893), p. 165.

76. Walker, *Sanctify Them*, p. 65.

77. Hills fue el primer teólogo prominente de la Iglesia del Nazareno. Quizá Finney, Hills y Wiley sean los tres teólogos de mayor importancia en la historia del movimiento de santidad.

Hills fue alumno de Finney en Oberlín, y trabajó por mucho tiempo con Wiley en la obra nazarena. Hills publicó su obra clásica de santidad en 1897; y su *Fundamental Christian Theology: A Systematic Theology*, en 1931. El primero ha sido quizá la obra sobre santidad más usada por los nazarenos, y por mucho tiempo se ha usado en el curso de estudios en el hogar para ministros. Su obra sobre teología sistemática remplazó la de Wiley durante los cuatrienios de 1932 y 1936, hasta que, en 1941, apareció el primer volumen de *Christian Theology* (tres volúmenes) de H. Orton Wiley.

78. A. M. Hills, *Pentecost Rejected and the Effects on the Churches* (Cincinnati: Office of God's Revivalist, 1902), p. 5.

79. *Ibid.*, p. 13.

80. *Ibid.*, p. 30.

81. E. P. Ellyson, *Bible Holiness* (Kansas City: Beacon Hill Press, 1952), p. 69.

82. H. Orton Wiley, *Christian Theology* (Kansas City: Beacon Hill Press, 1941), 2:324.

83. *Ibid.*

84. *Ibid.*, p. 444.

85. *Ibid.*

86. *Ibid.*, pp. 455ss.

87. Stephen S. White, *Five Cardinal Elements in the Doctrine of Entire Sanctification* (Kansas City: Beacon Hill Press, 1948), p. 73.

88. *Ibid.*, p. 75.

89. *Ibid.*, p. 74.

90. *Ibid.*

91. *Ibid.*, p. 75.

92. Charles Ewing Brown, *The Meaning of Sanctification* (Anderson, Ind.: The Warner Press, 1945), p. 104.

93. *Ibid.*, p. 109.

94. *Ibid.*, p. 115.

95. *Ibid.*

96. *Ibid.*

97. William M. Greathouse, *The Fullness of the Spirit* (Kansas City: Beacon Hill Press, 1959), p. 81.

98. *Ibid.*

99. Greathouse, "Full Salvation and its Concomitants", *The Word and the Doctrine*, ed. Kenneth Geiger (Kansas City: Beacon Hill Press of Kansas City, 1965), p. 217.

100. *Ibid.*, p. 218.

101. *Ibid.*, p. 219.

90 / Entera Santificación: *La Doctrina Distintiva del Wesleyanismo*

102. William Greathouse, "Who Is the Holy Spirit?", *Herald of Holiness*, 61 (10 de mayo de 1972), pp. 8-12. Este artículo es citado por Charles Carter, *The Person and Ministry of the Holy Spirit* (Grand Rapids: Baker Book House, 1974), p. 158.

103. Greathouse, "Full Salvation and its Concomitants", p. 220. Al usar aquí el término "proceso", no creo que esté diciendo que se recibe gradualmente, porque aquí, y con frecuencia, lo llama "bautismo".

104. Greathouse, "Who Is the Holy Spirit?", p. 8.

105. Greathouse, *Fullness of the Spirit*, p. 83.

106. Algunos han usado Hechos 2:38 para mostrar que el bautismo con el Espíritu Santo es simultáneo con la conversión. Aquí Pedro dice: "Arrepentíos y sed bautizados cada uno de vosotros en el nombre de Jesucristo para perdón de vuestros pecados, y recibiréis el don del Espíritu Santo" (Hechos 2:38). Sin embargo, personalmente creo que este versículo enseña claramente que el don del Espíritu Santo será subsecuente al perdón, porque el bautismo en agua ya se habrá realizado.

107. En un reciente trabajo inédito sobre el tema, Greathouse toma una posición sobre el bautismo con el Espíritu Santo que él considera más completa. Aunque piensa que recalca la entera santificación efectuada por el bautismo, presenta lo que él considera un punto de vista más inclusivo en armonía con su comprensión del pensamiento de Wesley.

108. Turner, *Vision Which Transforms*, pp. 149ss.

109. *Ibid.*, p. 152.

110. Turner, *More Excellent Way*, pp. 106ss.

111. *Ibid.*

112. George A. Turner, *Christian Holiness* (Kansas City: Beacon Hill Press of Kansas City, 1977), p. 74.

113. *Ibid.*, p. 73.

114. *Ibid.*, p. 74.

115. W. T. Purkiser, *Sanctification and its Synonyms* (Kansas City: Beacon Hill Press of Kansas City, 1961), p. 25.

116. *Ibid.*, pp. 28-29.

117. W. T. Purkiser, *Conceptos en Conflicto sobre la Santidad* (Kansas City: Casa Nazarena de Publicaciones, 1990), p. 72.

118. W. T. Purkiser, *Interpreting Christian Holiness* (Kansas City: Beacon Hill Press of Kansas City, 1971), p. 14.

119. Richard S. Taylor, hablando sobre la doctrina de santidad en *Dios, Hombre y Salvación*, W. T. Purkiser, Richard S. Taylor y Willard H. Taylor (Kansas City: Casa Nazarena de Publicaciones, sin fecha), p. 528

120. Richard S. Taylor, *Preaching Holiness Today* (Kansas City: Beacon Hill Press of Kansas City, 1968), p. 46.

121. Richard S. Taylor, *La Vida en el Espíritu* (Kansas City: Casa Nazarena de Publicaciones, 1985), p. 93.

122. *Ibid.*

123. D. Shelby Corlett, *The Baptism with the Holy Spirit* (Kansas City: Beacon Hill Press, s.f.); *Lord of All* (Kansas City: Beacon Hill Press of Kansas City, 1964); *God in the Present Tense; the Person and Work of the Holy Spirit* (Kansas City: Beacon Hill Press of Kansas City, 1974); J. Glenn Gould, *The Whole Counsel of God* (Kansas City: Beacon Hill Press, 1945), p. 104; Donald Metz, *Studies in Biblical Holiness*, p. 111; Willard H. Taylor, "The Baptism with the Holy Spirit: Promise of Grace or Judgment?", *Wesleyan Theological Journal*, 12 (Spring, 1977), pp. 16-25; y Arnold E. Airhart, *Acts*, "Beacon Bible Expositions", vol. V, ed. William Greathouse y Willard Taylor (Kansas City: Beacon Hill Press of Kansas City, 1977), p. 124.

Capítulo **6**

Santificación:
¿Instantánea o Gradual?

Tanto Juan Wesley como los escritores del movimiento de santidad enseñaron, como lo hacen actualmente los escritores de este movimiento, que la entera santificación es instantánea. Pero Wesley enseñó también la santificación gradual, con lo cual parecía indicar una "mortificación" gradual del pecado original. Algunos escritores del movimiento de santidad han usado los términos de santificación gradual y progresiva, desde sus puntos de vista; pero con ello no se referían a una limpieza gradual del pecado original, sino a un crecimiento en la gracia, una preparación gradual de la mente y el corazón para la limpieza instantánea. Otros han preferido evitar esos términos, y han indicado claramente que no enseñan que el pecado original es limpiado gradualmente. Esta ha sido, en general, la posición en el movimiento de santidad.

I. BASES DE LA SANTIFICACIÓN INSTANTÁNEA

Muchas son las bases que se han dado, en la literatura de santidad, para enseñar que la entera santificación se recibe instantáneamente.

A. *Porque se Recibe a Través de un Bautismo*

Como vimos anteriormente, los 120 discípulos del aposento alto ya eran creyentes, y en el día de Pentecostés recibieron la entera santificación. La oración de Jesús: "Santifícalos" (Juan 17:17), fue contestada en esa ocasión. Puesto que los discípulos, aquellos por quienes El oró así, ya habían sido santificados en el sentido de estar apartados para el servicio de Dios (porque habían sido elegidos y ordenados), Cristo oró por su santificación en el sentido de que fueran purificados a través de la limpieza del pecado original.

Fue una limpieza porque fue un bautismo, y ese es uno de los significados del bautismo. Fue una limpieza también porque se describe como una purificación de sus corazones en Hechos 15:9; asimismo, porque fue "con fuego" —quemando todo lo inservible y realizando una depuración. Todos estos son aspectos de la limpieza que obtendrían cuando Jesús los bautizara con el Espíritu Santo, de acuerdo con Mateo 3:11-12.

El bautismo del Espíritu, por tanto, es el momento en que un creyente es limpiado del pecado original; y esta limpieza, esta santificación, es instantánea, en parte, porque es efectuada por un bautismo. Por su misma naturaleza el bautismo es "puntual" (punto final): sucede de una vez, en un momento dado. Una persona no es bautizada en forma parcial, y más tarde en forma total. Tampoco puede ser bautizada gradualmente. No se puede decir que alguien está menos o más bautizado, o referirse a diferentes grados. Uno es bautizado, y punto.

Así como la regeneración no es gradual, tampoco la segunda obra de gracia se recibe gradualmente. Es cierto que hay una preparación gradual de la mente y corazón para el ardiente bautismo del Espíritu que efectúa la entera santificación, pero no hay una purificación gradual. El pecado original es limpiado, expulsado, erradicado, destruido, de una sola vez, por este bautismo del Espíritu. No es limpiado gradualmente, por partes, un aspecto después del otro.

Como vimos en un capítulo anterior, Wesley no enseñó que la entera santificación se recibe por un "bautismo del Espíritu", y por tanto, se entiende por qué enseñó la existencia de ciertos grados en relación con la entera santificación —además de ser instantánea. Para ilustrar su concepto de la santificación gradual, Wesley decía que se recibe de la misma manera en que ocurre una muerte física gradual.

Debemos indicar que la analogía de la muerte física es apropiada, ya que, en Romanos 6, Pablo menciona la muerte como analogía de lo que sucede con el pecado original. Pero hay distintas maneras de morir. Puesto que en ese caso Pablo usa los verbos en tiempo aoristo, quizás habla de una forma de muerte diferente de la sugerida por Wesley. Posiblemente se refería a la muerte que ocurre en forma instantánea, como en un ataque al corazón o un accidente; no el tipo de muerte que sobreviene después de un lento decaimiento, como sucede en la muerte por cáncer.

B. *Porque es un Sello*

Como indicamos antes, en tres ocasiones en el Nuevo Testamento (2 Corintios 1:22; Efesios 1:13; 4:30), la figura del "sello" parece ser un símbolo de la entera santificación. Es uno de los varios concomitantes de la entera santificación, y sugiere el derecho de propiedad de Dios sobre nosotros y su aprobación de nuestras vidas. Como en el caso del bautismo, indica carácter de instantáneo. Una persona no sellaba una carta con lacre, una y otra vez para asegurarse de que la persona a quien pertenecía sería la única en abrirla.

En 2 Corintios 1:21-22 Pablo dice: "Ahora bien, el que nos confirma con vosotros en Cristo, y el que nos ungió, es Dios, quien también nos selló y nos dio el Espíritu en nuestro corazón como garantía". Aunque Pablo no se refiere aquí en términos específicos al bautismo con el Espíritu Santo, ni en ningún otro lugar, él parece implicar claramente que recibieron el sello cuando los creyentes fueron bautizados con el Espíritu. Este sello se relaciona con el ser confirmados, que es uno de los resultados de la entera santificación (véase 1 Tesalonicenses 3:10, 13; 5:23). El nos confirma al darnos el Espíritu, habiéndonos sellado —nuevamente un participio aoristo (*sphragisamenos*).

Algo similar encontramos en Efesios 1:13, donde Pablo escribe: "En El también vosotros, después de escuchar el mensaje de la verdad, el evangelio de vuestra salvación, y habiendo creído, fuisteis sellados en El con el Espíritu Santo de la promesa". Después de "escuchar", y "habiendo creído" (habiendo sido justificados), ellos fueron "sellados". Está claro que este sello es subsecuente al creer, y es un sello con el cual Dios nos aprueba en forma más completa y nos "posee" en forma más real. Veamos también que fueron sellados "con el Espíritu Santo de la promesa" (el Espíritu que había sido prometido). El fue prometido en Joel 2:28 donde leemos: "Derramaré mi Espíritu sobre toda carne" (cumplido en el día de Pentecostés, Hechos 2:16). El Espíritu fue prometido por Juan el Bautista quien dijo: "El os bautizará con el Espíritu Santo y con fuego" (Mateo 3:11). Fue prometido por Jesús mismo en Hechos 1:5 donde, justamente antes de la ascensión, El dijo: "Pues Juan bautizó con agua, pero vosotros seréis bautizados con el Espíritu Santo dentro de pocos días".

La otra referencia al sello se encuentra en Efesios 4:30 donde leemos: "Y no entristezcáis al Espíritu Santo de Dios, por el cual fuisteis sellados para el día de la redención"; pero esta referencia en particular no añade nada a lo que enseñan los otros dos pasajes.

El sello, por tanto, es subsecuente a la justificación, y se recibe cuando el Espíritu Santo es derramado en una manera especial, y es símbolo de instantaneidad.[1]

C. *Porque es una Circuncisión*

En Colosenses, Pablo menciona la circuncisión como analogía de la entera santificación. El dice: "En El también fuisteis circuncidados con una circuncisión no hecha por manos, al quitar el cuerpo de la carne mediante la circuncisión de Cristo" (2:11). Esta versión, *La Biblia de las Américas*, es diferente de la versión Reina Valera Revisión 1960, en la que se presentan tres palabras que no están en el griego y distorsionan lo que Pablo está diciendo. Esta dice: "En él también fuisteis circuncidados... no hecha a mano, al echar de vosotros el cuerpo pecaminoso carnal". "El cuerpo pecaminoso carnal" indicaría un número de actos pecaminosos. Pero "pecaminoso" no está en el griego, y lo que Pablo dice es que el "cuerpo de la carne" es circuncidada. Es decir, el estado, condición o principio de la carne es circuncidado o quitado tal como en el rito judío de la circuncisión.

En la circuncisión notamos el mismo aspecto del bautismo: no es algo que va en aumento. Uno no es circuncidado gradualmente. Una persona no puede estar más circuncidada que el día anterior. Es algo que se lleva a cabo instantáneamente, en un momento, en un acto —en un acto decisivo.

Además de las figuras del bautismo, sello y circuncisión, otros símbolos de la segunda bendición que indican su instantaneidad se encuentran en los términos "llenos" (de Hechos 2:4, etc., pero no en Efesios 5:18, donde aparece el tiempo presente), "ungió" (2 Corintios 1:21), "derramaré" (Hechos 2:33), "cayó" (Hechos 10:44), y "derramado" (Hechos 10:45). Ninguna de estas acciones se hace en forma continua.

D. *Porque se Recibe por fe*

Otro apoyo importante para el punto de vista, tanto de Wesley como del movimiento de santidad, de que la entera santificación es instantánea, es que ésta se recibe por fe, no por obras. Si fuera por obras, sería gradual, y únicamente gradual. Si fuera por obras, iría en aumento, y nunca se podría obtener en forma completa o total.

Esta fue una enseñanza fundamental de Wesley, quien sostenía que, así como somos justificados sólo por la fe, somos también santificados por completo sólo por la fe. Por supuesto, Lutero enseñó que somos justificados sólo por fe, pero decía que somos santificados gradualmente por disciplinas piadosas —como se enseña también en la teología calvinista. Esta enseñanza llevó a Wesley a decir que nadie enseñó mejor que Lutero sobre la justificación; ni enseñó más pobremente que Lutero sobre la santificación.

Al decir que la entera santificación se recibe por fe, Wesley y el movimiento de santidad enseñan lo que el Nuevo Testamento enseña. En Hechos 15:8-9, Pedro dice: "Y Dios... ninguna distinción hizo entre nosotros [en el Pentecostés] y ellos [Cornelio y los de su casa], purificando por la fe sus corazones". Más aún, cuando Lucas narra el testimonio de Pablo sobre su llamamiento a predicar, en Hechos 26:18, Pablo dice que fue designado como ministro a los gentiles, "para que reciban, por la fe en mí [Cristo], el perdón de pecados y herencia entre los que han sido santificados".

La fe que obra la entera santificación, sin embargo, puede tener una cualidad de duración. Antes que ocurra la entera santificación, un creyente puede ejercitar por algún tiempo la confianza expectante de que Dios lo santificará por completo. Aun así, la experiencia misma es instantánea. Si esta gracia fuese gradual, se recibiría por obras piadosas. Pero las obras no son el camino para esta gracia; la fe es la ruta que se debe tomar. Y aunque la fe puede extenderse por un tiempo, al ser ella el medio de obtener la gracia, indica que el creyente consagrado puede, en cualquier instante, ejercitar esa fe y confianza que resulta en la gracia divina de la entera santificación.

E. Porque Está en Tiempo Aoristo

En el Nuevo Testamento griego, el tiempo aoristo en el que se presentan a menudo las formas verbales de *hagiadzo*, "santificar", también indica el carácter instantáneo de la santificación. Esta palabra, con sus formas verbales, aparece 28 veces en el Nuevo Testamento. En el tiempo aoristo está 12 veces, en el tiempo perfecto 7 veces, y en el tiempo presente 9 veces. El tiempo aoristo, el más común en el griego, aparece asimismo en muchas otras palabras relacionadas con la entera santificación, además de "santificar", como en "completemos" (1 Tesalonicenses 3:10), "afirme" (1 Tesalonicenses 3:13) y "presentéis" (Romanos 12:1).

Entre los escritores del movimiento de santidad, existen algunas diferencias respecto a la importancia del tiempo aoristo para apoyar la doctrina de la entera santificación. Sin embargo, expertos en el idioma griego, como A. T. Robertson, H. V. P. Nunn, Daniel Steele,[2] y otros, explican el significado del tiempo aoristo en forma tal que su uso en el Nuevo Testamento es importante para confirmar que la segunda obra de gracia es una crisis y es completa.

La evidencia es suficiente para que H. Orton Wiley diga que el tiempo aoristo "denota un acto de un momento, completo, sin relación con el tiempo",[3] y para que W. T. Purkiser califique este tiempo como una "impresionante línea de evidencia que corrobora la santificación instantánea".[4] Wiley y Purkiser son teólogos, y no expertos en griego; sin embargo, Richard Howard, profesor de griego por mucho tiempo, dice que "la importancia fundamental del aoristo... radica en que describe un *acto de crisis*, distinguiéndolo de un *proceso progresivo*".[5]

Este tiempo indica una acción puntual, momentánea, decisiva, y a veces una acción terminada, cualquiera que sea el modo que acompañe al tiempo. Si el modo es indicativo, señala una acción de crisis o completa que ya ha sucedido. Si el modo es vocativo, como en 1 Tesalonicenses 5:23, se presenta un deseo u oración de que ocurra una santificación decisiva, en un momento. Si el griego habla de algo que sucederá en forma repetida, usa el tiempo imperfecto; si es algo continuo, usará el tiempo presente. Si se refiere a una acción pasada, decisiva, cuyos resultados aún continúan en el presente, se encontrará el tiempo perfecto. (Este tiempo perfecto, junto con el tiempo aoristo, indica también el carácter de crisis de la entera santificación, tal como se ve en varios pasajes de "santidad").

Es un hecho que, además de la acción puntual que denota el tiempo aoristo, algunas veces indica algo que no es muy diferente: una acción terminada. Vemos un ejemplo de una acción terminada cuando se usa un aoristo en referencia a la construcción del templo, y el pasaje declara que "en cuarenta y seis años fue edificado" (Juan 2:20). A menudo, sin embargo, el término aoristo mismo o el contexto amplio donde aparece un aoristo, indica que se trata de una acción de un momento, además de una acción terminada. Por ejemplo, cuando "sello" está en el tiempo aoristo, denota una acción terminada que toma sólo un momento para cumplirse. De modo que indicaría una acción de un momento o de crisis.

En todo caso, ya sea que denote una acción de crisis o terminada, el tiempo aoristo apoya la enseñanza del movimiento de santidad sobre una gracia que ya se ha obtenido o se obtendrá. Deja de lado la idea de una santificación que se recibe gradualmente a lo largo de toda la vida. El aspecto importante en los tiempos de verbos en griego es el "tipo de acción", y no su duración, pero el tipo de acción señalado por el tiempo aoristo indica la crucifixión instantánea y completa, no gradual, de la naturaleza adámica, carnal. Como dice A. T. Robertson: "Las tres clases de acción [aoristo, presente y perfecto] son, pues, momentáneas o puntuales cuando la acción aparece como un todo y puede representarse con un punto (.), lineales o duraderas que pueden representarse con una línea continua (_____), y la continuación de una acción perfecta o terminada que puede representarse con este gráfico (. _____)".[6]

II. Contrastes entre Wesley y Clarke

Juan Wesley enseñó que, antes de la entera santificación, ocurre una santificación gradual que es de preparación. Al hablar de esta santificación gradual parece referirse a una disminución gradual del pecado original. El habla de una "mortificación gradual del pecado".[7] En la misma obra, *La Perfección Cristiana*, la cual revisó en la última etapa de su vida, reflejando allí la madurez en su pensamiento, sugiere que la entera santificación es similar a una lenta muerte física. Dice él: "Un hombre puede estar agonizando por mucho tiempo; sin embargo, no está muerto propiamente hablando, sino hasta el instante en que el alma se separa del cuerpo... De la misma manera uno puede estar agonizando por algún tiempo en cuanto al pecado; sin embargo, no está muerto al pecado sino hasta que éste sea quitado de su alma".[8]

Un poco después en *La Perfección Cristiana*, Wesley habla de "una obra gradual de Dios en el alma", y de "varios años, antes de que el pecado sea destruido", pero agrega: "No es necesario, pues, afirmar vez tras vez... que hay una obra gradual de Dios en el alma, o que generalmente hablando, corre mucho tiempo, aun varios años, antes de que el pecado sea destruido".[9]

Frente a la pregunta, si la fe es el requisito o el instrumento de la santificación, responde: "Es el requisito y también el instrumento. Cuando empezamos a creer, entonces comienza la santificación. Y a medida que la fe aumenta, la santidad aumenta, hasta que somos creados nuevos".[10] Si la santificación puede "comenzar", y si puede ir en aumento a medida que la fe aumenta, parecería que hablamos de un proceso de santificación gradual. Wynkoop lo cree así porque, en relación con estas palabras de Wesley, dice: "Este pasaje indica claramente el aspecto de la santificación como proceso".[11]

Sin embargo, debemos mencionar que Wesley escribió a su hermano Carlos animándolo a "proclamar la bendición *instantánea*", añadiendo: "Entonces yo tendré más tiempo para mi llamado especial, fortalecer la obra *gradual*".[12]

Adam Clarke, escritor más joven y contemporáneo de Wesley, enseñó en forma diferente. Aunque Clarke, en su *Comentario*, algunas veces separa el Pentecostés de la entera santificación, no cree que somos enteramente santificados en forma gradual. "En ningún lugar de las Escrituras" —dice él— "se nos dirige a buscar la santidad gradualmente. Tenemos que acercarnos a Dios tanto para una purificación instantánea y completa de todo pecado, así como para un perdón instantáneo. En la Biblia no existe el perdón gradual ni una purificación por partes".[13] Evidentemente Clarke admite que se espera un crecimiento en la gracia después de la entera santificación, pero no lo llama santificación gradual. Sus palabras siguientes son: "Cuando el corazón es purificado de todo pecado puede crecer apropiadamente en la gracia, y en el conocimiento de nuestro Señor Jesucristo".[14]

III. LA POSICIÓN DEL MOVIMIENTO DE SANTIDAD

Respecto a este tema de la santificación gradual, el movimiento de santidad prefiere el punto de vista de Clarke por sobre el de Wesley. Por ejemplo, el metodista J. A. Wood, juntamente con Clarke, enseñó solamente la santificación instantánea —no la gradual. En la edición de 1861 de su obra *El Amor Perfecto*, él dice: "La hermosa analogía sobre las condiciones y la experiencia de regeneración y entera santificación, favorece la idea de una santificación *instantánea* similar a la regeneración".[15] Puesto que ambas se reciben por fe, lo instantáneo se aplica a la entera santificación en forma tan obvia como a la regeneración.

Wood la ilustra al decir que así como "el alma no abandona el cuerpo por *partes*",[16] el pecado original tampoco es expulsado por partes. Wood dice también: "El que trata de obtener la entera santificación gradualmente, necesariamente está buscando algo *menos* que la entera santifación *ahora*; es decir, no está buscando en realidad la entera santificación".[17] Continúa diciendo: "La fe, que constituye la condición más crucial de la entera santificación, sólo se puede ejercer en relación con la *renuncia de todo pecado* y la *sumisión completa a Dios*".[18] Subraya más lo instantáneo con estas palabras: "La gracia... no se implanta en el alma gradualmente, ni el pecado innato, que es lo opuesto de la gracia, es exterminado del alma gradualmente".[19]

Al relacionar el crecimiento con el proceso anterior a la regeneración, dice él: "El pecador pasa por un proceso similar antes de su conversión; pero ni el recibir *luz y convicción*, ni sus *confesiones, oraciones y arrepentimiento* lo convierten. Sencillamente preceden su conversión".[20]

Veinte años después, en su revisión de *El Amor Perfecto*, Wood sigue tan enérgico, o quizás más, en su oposición a la santificación gradual. El expresa su seguridad de que ésa no ha sido nuestra experiencia. Escribe él:

La experiencia uniforme de todos aquellos para quienes no hay duda alguna y viven a la luz de su santidad personal, nos enseña que la purificación es instantánea *y no gradual*. La experiencia sólo dice sobre este caso que se obtuvo mediante la consagración y la fe, de la misma manera que la regeneración, por poder divino directo. El *gradualismo* no concuerda con la experiencia de todos aquellos que profesan el amor perfecto. El carácter instantáneo de la experiencia sí concuerda.[21]

Daniel Steele, como todos los escritores del movimiento de santidad, fue otro autor muy respetado por su erudición y con numerosas obras. El apoyó fuertemente el carácter instantáneo de la entera santificación. Dice él:

Cuando consideramos la *obra de purificación* en el alma del creyente, por el poder del Espíritu Santo, tanto en el nuevo nacimiento como en la entera santificación, vemos que *el aoristo es usado en forma casi uniforme*. Este tiempo, de acuerdo con los mejores eruditos de la gramática del Nuevo Testamento, nunca indica un acto continuo, habitual o repetido, sino un acto momentáneo, realizado de una sola vez.[22]

Respecto al tema del carácter instantáneo y al crecimiento, Beverly Carradine expresa lo siguiente:

Por eso afirmamos que hay un crecimiento en la gracia antes de recibir esta bendición y un rápido crecimiento después, y ningún profesor de santidad que sea inteligente lo negará. Pero ni el crecimiento anterior ni el crecimiento después es la obra misma de la cual hablamos. No importa hasta qué grado haya sido precedida por la mortificación del espíritu y la crucifixión de la carne, esa obra, que limpia el corazón de *todo* pecado, es realizada en un momento, en un abrir y cerrar de ojos, por el poder supremo de Dios.[23]

A principios del siglo XX, el evangelista de santidad C. W. Ruth predicaba que no somos hechos un poco santos, luego más santos y finalmente santísimos, y que por tanto no existe una purificación gradual.[24] E. F. Walker fue igualmente claro en relación con el crecimiento y la idea del carácter instantáneo. El dice: "Cualquier sistema religioso que enseñe que somos santificados por el crecimiento, buenas obras, sufrimiento, o por cualquier otro medio que no sea por gracia a través de la fe, debe ser pelagianismo, unitarianismo o romanismo".[25] Walker interpreta la oración de Jesús, "Santifícalos", como un apoyo más para su enseñanza de que la entera santificación es instantánea y no gradual. Escribe él:

> Si esa oración obtuvo respuesta alguna vez, y creemos que la tuvo en el día de Pentecostés, los discípulos fueron santificados instantáneamente. Podían crecer en la gracia antes y después de su santificación, y sin duda lo hicieron. Pero en el aposento alto, repentinamente, el Espíritu santificador realizó su obra en ellos. Y ésta es aún la ley del Espíritu de vida en Cristo Jesús: crecimiento en santidad, pero santificación instantánea.[26]

En Inglaterra, a comienzos de siglo, Thomas Cook también rechazó la enseñanza de la purificación gradual, y empleó argumentos y analogías similares a los usados por el movimiento de santidad en Estados Unidos. El dice que la "santidad es tanto una *crisis* como un *proceso*",[27] y cita estas palabras del obispo Moule: "Es una crisis con el propósito de seguir un proceso".[28] Habla de la distinción entre "pureza" y "crecimiento", indicando que una es negativa y el otro positivo. Y explica: "La pureza y el crecimiento son tan distintos en sus oficios como el trabajo de dos hombres en una construcción —uno tiene que retirar los desechos, el otro debe ampliar y embellecer la estructura".[29] Son diferentes también porque nuestra parte en cada uno de ellos es diferente. Dice él: "En el crecimiento estamos activos y cooperamos, pero en la entera purificación el alma está pasiva; es algo que se experimenta, al igual que la regeneración".[30]

Así como en la regeneración no existen grados, Cook considera que tampoco hay grados en la entera santificación. El escribe: "No hay grados de perdón: es pleno, perfecto y completo".[31] Continúa diciendo:

"De igual manera, mientras que el aspecto negativo de la santidad es la depuración del corazón de todo aquello que es carnal —y esa es una obra plena, completa y total, sin grados ni gradualismo— hay también un aspecto positivo de santidad".[32] La frase "sin grados ni gradualismo" es de especial importancia.[33]

En sus dos libros sobre la doctrina de santidad, S. S. White hizo hincapié en el carácter instantáneo de la entera santificación y rechazó la santificación gradual. En *Eradication* (erradicación), en el cual apoya el uso de este término así como su significado, él escribe: "El resultado de la entera santificación es una integración de la personalidad [lo cual puede ser discutible] que viene, no por crecimiento o desarrollo, sino por la erradicación del principio del pecado que se opone, y que aflige a todos los que son parte de la raza adámica caída".[34]

Aunque Wiley no escribió ningún libro separado sobre la entera santificación, trata el tema con bastante profundidad en su obra de tres volúmenes, *Christian Theology* (teología cristiana). El considera que recibimos una santificación inicial en la conversión. Escribe él: "En la regeneración... se imparte una vida que es santa por naturaleza; y al mismo tiempo, es una santidad o limpieza inicial de la culpa y depravación adquirida".[35] Además de esta santificación inicial, un creyente puede recibir la entera santificación. Pero para Wiley, no existe una santificación gradual. Dice él: "Ahora esta santidad que ha comenzado [en la santificación inicial] debe ser perfeccionada por la limpieza del pecado innato que es realizada de una sola vez".[36]

Richard Taylor habla de la "santificación progresiva".[37] Pero ésta es solamente "el establecimiento progresivo del carácter cristiano en uno".[38] Muestra claramente que la santificación progresiva "no es un aumento de... la santidad esencial en lo que a pureza... se refiere".[39] Por otro lado, respecto a que los cristianos deben "crecer en la gracia" (2 Pedro 3:18), él dice: "El intento es que sea un crecimiento en la santidad, no crecimiento hacia su realización".[40] Sigue diciendo: "El Señor Jesucristo también, cuando era pequeño 'crecía en sabiduría y en estatura, y en gracia [*charis*] para con Dios y los hombres' (Lucas 2:52); pero no se puede decir que este fuera un mejoramiento en su santidad".[41]

Taylor señala claramente que no crecemos para obtener la santidad. Respecto a la declaración de que "el crecimiento en la santidad constituye una correspondiente disminución en la no santidad", él dice que "sería casi lo mismo que aceptar que se crece *hacia* la santidad".[42] El considera que la "santidad se relaciona con la madurez sólo como su prerrequisito necesario".[43] Explica que "hay un crecimiento *en* la santidad sin que tal crecimiento constituya un crecimiento *de* la santidad".[44] Acerca de los "celos y envidias" en Corinto, dice él: "La falta no se atribuye a la inmadurez legítima, sino a la carnalidad, manifestada en celos y envidias".[45] Y la carnalidad "necesita limpieza para ponerle remedio, no tanto el proceso temporal de crecimiento".[46] Dice aún más: "Sólo en un sentido podemos hablar propiamente del desarrollo en la santidad. Tiene que ver con nuestro crecimiento en amor, cuando el amor es considerado como un elemento de la santidad".[47]

W. T. Purkiser también ve el tema de esta manera. Dice él: "Esto pone 'las cartas sobre la mesa'. La entera santificación, como la entiende el movimiento de santidad, no admite grados".[48] Continúa: "Es tan perfecta y tan completa en su género como la obra de regeneración y justificación es perfecta y completa en su género".[49] "Esto no quiere decir", explica, "que no haya crecimiento en la gracia, tanto antes como después de la santificación. Lo que quiere decir es que la santificación, como un acto de Dios, es instantánea, y no se produce por crecimiento, ni por autodisciplina, ni por el control progresivo de la naturaleza carnal".[50]

Estas, pues, son bases bíblicas e históricas que, cuando se consideran como un todo, apoyan en forma considerable la idea de que la entera santificación se recibe en forma instantánea y que, aunque existe un crecimiento en la gracia así como una purificación continua después de la entera santificación (1 Juan 1:7), no se realiza una limpieza gradual del pecado original.

NOTAS BIBLIOGRÁFICAS

1. En la obra de Mahan, *Baptism of the Holy Ghost*, pp. 23-24, podrá encontrar una amplia explicación sobre el sello, incluyendo aspectos que no he tratado aquí, como la "promesa" o "arras".

2. Véase A. T. Robertson, *A Grammar of the Greek New Testament in the Light of Historical Research* (Nashville: The Broadman Press, 1914); H. V. P. Nunn, *A Short Syntax of New Testament Greek* (Cambridge: The University Press, 1924); William W. Goodwin, *A Greek Grammar* (Boston: Grinnand Co., 1892); Daniel Steele, *Milestone Papers* (Nueva York: Nelson and Phillips, 1878).

3. Wiley, *Christian Theology*, 2:447.

4. Purkiser, *Conceptos en Conflicto sobre la Santidad*, p. 44.

5. Richard Howard, *Newness of Life* (Kansas City: Beacon Hill Press of Kansas City, 1975), p. 170.

6. A. T. Robertson, *A Grammar of the New Testament in the Light of Historical Research* (Nueva York: George H. Doran Co., 1949), p. 825.

7. Wesley, *La Perfección Cristiana*, p. 53.

8. *Ibid.*, p. 54.

9. *Ibid.*, p. 87.

10. Wesley, *Works*, 8:279.

11. Mildred Bangs Wynkoop, *A Theology of Love* (Kansas City: Beacon Hill Press of Kansas City, 1972), p. 109.

12. Wesley, *Letters*, 5:16.

13. Adam Clarke, *Entire Sanctification* (Louisville: Pentecostal Publishing Co., s.f.), p. 38.

14. *Ibid.*

15. J. A. Wood, *El Amor Perfecto*, p. 75.

16. *Ibid.*, p. 76.

17. *Ibid.*, p. 55.

18. *Ibid.*

19. *Ibid.*, pp. 63-64.

20. *Ibid.*, p. 59.

21. *Ibid.*, p. 92.

22. Daniel Steele, *Mile-Stone Papers* (Nueva York: Eaton and Mains, 1878), pp. 65-66.

23. Carradine, *Sanctified Life*, p. 17.

24. Ruth, *Entire Sanctification*, pp. 17-18. Ruth dice: "Al respecto conviene señalar que este aspecto humano de la santificación —que es simplemente el acercamiento a la entera santificación y el requisito— puede ser gradual. Es decir, la persona puede necesitar algo de tiempo para realizar en forma total esta 'separación', 'dedicación' y 'consagración' de todo su ser a Dios. Pero en el momento en que completa este aspecto humano de la santificación, y cumple todos los requisitos, y la fe en verdad toca la promesa dada, entonces el aspecto divino de la santificación, que es 'hacer santo o puro; liberar del pecado, limpiar de la corrupción y contaminación moral, purificar', es llevado a cabo en forma instantánea y divina por la aplicación de la virtud de la expiación a través del poder del Espíritu Santo. Usando las palabras de Adam Clarke: 'En la Biblia no existe un perdón gradual ni una purificación por partes'" (*ibid.*, pp. 16-17).

25. Walker, *Sanctify Them*, pp. 58-59.

26. *Ibid.*, p. 55.

27. Thomas Cook, *New Testament Holiness* (Londres: The Epworth Press, 1950), p. 43.

28. *Ibid.*

29. *Ibid.*, p. 42.

30. *Ibid.*

31. *Ibid.*

32. *Ibid.*, p. 46.

33. Algunas declaraciones de Cook no lo sitúan precisamente en oposición a la santificación gradual. Por ejemplo, dice él: "Al hablar de instantáneo no es en el sentido de la caída de un rayo, o una explosión de pólvora, sino en la forma en que la muerte es instantánea. 'Un hombre puede estar agonizando por mucho tiempo, pero hay un momento cuando muere'" (*Ibid.*, p. 40).

34. White, *Eradication*, p. 74.

35. Wiley, *Christian Theology*, 2:446.

36. *Ibid.*

37. Taylor, *Preaching Holiness Today*, p. 55.

38. *Ibid.*

39. *Ibid.*

40. Taylor, *Dios, Hombre y Salvación*, p. 493.

41. *Ibid.*

42. *Ibid.*, p. 492.

43. *Ibid.*, p. 492-93.

44. *Ibid.*, p. 493.

45. *Ibid.*, p. 506, nota bibliográfica 18.

46. *Ibid.* (Véase también Wiley, *Christian Theology*, 2:507).

47. *Ibid.*, p. 494.

48. Purkiser, *Conceptos en Conflicto sobre la Santidad*, p. 30.

49. *Ibid.*

50. *Ibid.*

Capítulo **7**

Carnalidad y Humanidad

Después que una persona ha recibido la entera santificación, anhela practicar una vida cristiana que corresponda a ese estado de gracia. Pero, ¿qué esperan de nosotros los demás?, ¿qué esperamos nosotros mismos?, ¿qué espera Dios de nosotros? Somos todavía seres humanos y estamos sujetos a errores de juicio, a presiones emocionales y prejuicios, y nuestra conducta no es la ideal. Por tanto, es importante que nos preguntemos qué tipo de actitudes o acciones son motivadas por la naturaleza carnal, y cuáles son solamente humanas.

¿De qué somos limpiados y de qué *no* somos limpiados al ser enteramente santificados? ¿Qué sucede con nuestra naturaleza humana esencial como el temperamento, y la naturaleza humana propensa a error, como los prejuicios adquiridos y antagonismos? Después que un creyente es limpiado de la carnalidad de su naturaleza, ciertas acciones y actitudes pueden provenir de esas fuentes. Muchas veces no tienen excusa. Sin embargo, si surgen de la naturaleza humana, no significa que la persona no ha sido santificada por completo. Por tanto, puede tener la seguridad de estar todavía en la segunda gracia, y pedir la ayuda de Dios para corregir ese comportamiento errado.

A. *Componentes de la Carnalidad*

La carnalidad no se demuestra necesariamente por un antagonismo, un enojo, o un momento de nerviosismo, en el que la persona se irrita o pierde el equilibrio emocional. Tal reacción posiblemente no provenga de la influencia adámica, sino del temperamento natural. O puede provenir de una ira justificada, como fue el caso cuando Jesús echó a los mercaderes del templo; o cuando sanó a una persona en un día de reposo, y le preguntaron al respecto, a lo que reaccionó "mirándolos en torno con enojo" (Marcos 3:5). Puede brotar de un resentimiento hacia uno de

los padres u otro miembro de la iglesia, debido a experiencias traumá-
ticas en los primeros años de su vida. Puede surgir por tensión nerviosa
causada por problemas físicos o emocionales.

Pero con ello no desestimamos el cambio poderoso que ocurre en la
vida de una persona cuando es santificada por completo. En verdad, ser
purificados del pecado original constituye una limpieza de enorme
dimensión. Quizá Wesley haya exagerado al considerar que el cambio
que experimentamos en nuestra entera santificación es "inmensamente
mayor del que se produjo cuando él [alguien] fue justificado".[1] No
obstante, aunque ser limpiado de la carnalidad es de suma importancia,
no incluye la purificación de lo que es esencialmente humano, como el
temperamento, el impulso sexual, y los innumerables defectos que
adquirimos durante esta vida, como los prejuicios raciales, económicos,
educativos o geográficos.

La carnalidad en sí no es motivo de condenación. No se asocia con
culpabilidad. De modo que nadie se pierde por causa del pecado adámico solo. Es cierto que "todos pecaron" cuando Adán pecó, según
Romanos 5:12, donde aparece el aoristo *hemarton*. Pero esto no significa
que "todos han pecado", como traduce la *Nueva Versión Internacional*,
sino que "todos pecaron". Realmente todos pecamos cuando nuestro
representante lo hizo, así como una universidad pierde una competencia
cuando pierde su representante. Pero gracias al beneficio incondicional
de la expiación —la "dádiva", que según Romanos 5:15-17 es para
todos— la culpa del pecado adámico ha sido quitada, aunque la depravación en sí, la inclinación al pecado, es limpiada solamente cuando los
creyentes son bautizados con el Espíritu Santo.

Sobre este punto de vista, H. Orton Wiley dice: "De esta manera, la
condenación que pendía sobre la raza por el pecado de Adán, es quitada
por la sola ofrenda de Cristo. Por ello entendemos que ningún hijo de
Adán es condenado eternamente, ni por la ofensa original ni por sus
consecuencias. De modo que... la culpabilidad no se asocia con el
pecado original".[2] Juan Wesley era de la misma opinión.

Si una persona necesita recibir la limpieza de la carnalidad es para
que esté en la gracia que nos afirma (1 Tesalonicenses 3:13) y no se aleje
de Dios por seguir la inclinación carnal al pecado. Además, experimen-
tará los innumerables beneficios de la presencia penetrante del Espíritu
Santo en su vida, atrayéndolo siempre hacia Dios.

La carnalidad es vista aquí como el pecado que permanece en el
creyente después de ser justificado —el estado o condición de pecado

(no una entidad, ni una cosa) que impulsa al creyente a cometer actos pecaminosos (pero no los causa). No debemos pensar en él como una sustancia física, sino como un estado que es relacional y en el cual nos apartamos de Dios y tendemos a cometer actos de pecado. Cuando este pecado existe en el inconverso, su fuerza es mayor que en el creyente, ya que no tiene la oposición del Espíritu Santo (quien, como hemos dicho, mora en la persona después que ésta se convierte en creyente de acuerdo con Romanos 8:9 y Gálatas 5:17).

Aunque la palabra "carnalidad" parece relacionarse únicamente con el cuerpo, nuestra vida en la carne física, incluye todas las consecuencias que hemos recibido de la caída de la raza en Adán. Por esta razón, a los cristianos de Corinto Pablo los llama "niños en Cristo" (1 Corintios 3:1-3), pero todavía "carnales". Estaban llenos de envidia y contiendas, y se habían dividido en facciones.

La palabra traducida como "carnal" se deriva de *sarx*, y aunque *sarx* tiene muchos significados, incluyendo el cuerpo y la materia suave en los huesos del cuerpo, es usada con frecuencia, especialmente por Pablo, en un sentido ético, como lo opuesto a estar en el Espíritu. Kittel dice: "Para Pablo, estar orientado hacia la σαρξ [*sarx*] o el πνευμα [*pneuma*][3] es la actitud que determina todo... La vida es determinada como una totalidad por σαρξ [*sarx*] o πνευμα [*pneuma*]". Esto implica que los que están "en la carne" no pueden agradar a Dios (Romanos 8:8), pero los que están "en el Espíritu" (Romanos 8:9) sí pueden. Uno puede vivir "conforme a la carne" (Romanos 8:13). O puede ser "de Cristo Jesús" verdaderamente por haber "crucificado la carne" (Gálatas 5:24).

Juan Wesley usó muchos términos para referirse a la carnalidad. La llamó "orgullo, obstinación, incredulidad".[4] En referencia a ese pecado que mora en los creyentes, lo llamó la "tendencia a caer", "el pecado en un creyente", "la propensión a alejarse de Dios".[5]

Es una corrupción total de nuestra naturaleza —una total depravación, como consecuencia de haber sido privados de ciertos ministerios del Espíritu Santo por la caída de Adán.[6] Algunos enseñan que solamente la naturaleza moral del hombre sufrió a causa de la caída, y no así su naturaleza racional o su naturaleza física. Y algunos creen incluso que la naturaleza moral no ha caído hasta el punto de no ser capaz de hacer buenas decisiones lejos de la gracia. Pero éste es un concepto del pelagianismo.

A. M. Hills se inclina a pensar de esta manera. Enseñaba que el hombre sin salvación puede llevar a efecto una buena obra estando lejos de la gracia. Escribe él: "Nosotros podemos dejar de lado los motivos indignos, y dejar de pensar en cosas indignas; podemos entronizar lo racional y lo moral en nuestras vidas, por encima de la incitación de los apetitos y pasiones, y escapar así del destino de ser una víctima pasiva de los impulsos hacia el mal".[7] Sin mencionar la gracia en relación con esta declaración, él dice que nosotros somos "verdaderamente los autores de nuestro carácter".[8] En forma similar, dice: "Debemos poseer esta capacidad de tener motivos morales y religiosos, o somos solamente animales",[9] y agrega: "Esta convicción de que tenemos un poder autodeterminante, o un control de la voluntad, es tan universal como el hombre".[10]

Pero, ¿qué de Romanos 7, donde Pablo dice que los que no han sido regenerados son esclavos del pecado, y no pueden hacer el bien que desearían hacer, y hacen el mal que no desearían hacer (v. 15)? Jesús dijo: "Porque separados de mí nada podéis hacer" (Juan 15:5). El nos dijo que "el árbol malo [no puede] producir frutos buenos" (Mateo 7:18), y claramente señaló que el hombre en sí es corrupto cuando preguntó: "¿Cómo podéis hablar cosas buenas siendo malos?" (Mateo 12:34). Dijo además: "Nadie puede venir a mí si no lo trae el Padre que me envió" (Juan 6:44). De acuerdo con Juan 8:36, somos libres si el Hijo nos ha hecho libres. Al respecto, Jacobo Arminio dice claramente: "Nuestra voluntad no está libre de la primera caída; es decir, no es libre para hacer el bien, a menos que sea hecha libre".[11]

Similar fue la enseñanza de Juan Wesley quien, incluyendo a John Fletcher, dice: "Ambos declaramos firmemente que por naturaleza la voluntad del hombre caído es libre sólo para el mal".[12]

S. S. White parece enseñar sobre la caída inclusiva al escribir: "El pecado original es una condición en la que todas las facultades del hombre, su entendimiento, voluntad y afectos han sido pervertidos. Es una corrupción total de toda la naturaleza humana".[13] Pero él no creía que la carnalidad, o pecado original, hiciera pecaminoso al cuerpo. Sin embargo, Pablo parece haberlo enseñado cuando dijo: "Mas veo en mis miembros otra ley que combate contra la ley de mi mente, y que me cautiva bajo la ley del pecado que está en mis miembros" (Romanos 7:23, *La Versión Latinoamericana*). También el cuerpo es incluido en la entera santificación que Pablo pide en oración para los creyentes tesalonicenses. El dice: "Y que el mismo Dios de paz os santifique por completo [*holoteleis*]; y que todo vuestro ser, espíritu, alma y cuerpo, sea preservado irreprensible" (1 Tesalonicenses 5:23).

White (quizá en forma comprensible, a causa de la época) puede haberse empapado del moralismo Kantiano de su principal maestro de teología, Olin Alfred Curtis, de Drew,[14] y la posición de sus profesores en la Universidad de Chicago, baluarte del modernismo norteamericano cuando White obtuvo su título allí, en 1939, como doctor en filosofía. De cualquier modo, rehúsa admitir que el hombre con la naturaleza caída es incapaz de hacer algo bueno.

El sostiene: "Al igual que Dios, el hombre es capaz de actuar conscientemente hacia un fin, sabiendo que existe lo bueno y lo malo y que puede y debe elegir".[15] Dice también: "El hombre que nace en pecado tiene aún un sentido de lo que es bueno y malo, tiene aún la capacidad de ir hacia Dios, y algunas veces puede hacerlo, lo cual en sí es bueno".[16] El cree firmemente que hay una "inclinación de la raza hacia el pecado",[17] y que el "hombre es un ser caído",[18] pero, en este aspecto, acomoda la teología wesleyana hacia la izquierda de donde Wesley estaba.

B. *La Naturaleza Humana y sus Aberraciones*

Un conjunto de deficiencias que adquirimos durante esta vida, y que por tanto no son eliminadas cuando la mente carnal es expulsada en el momento de nuestra entera santificación, son los prejuicios.

Consideremos el prejuicio racial. Este no es heredado de Adán; no venimos con él a este mundo. Lo adquirimos de nuestro medio ambiente. Los niños negros, por ejemplo, escuchan cómo sus padres y otros hablan burlonamente contra los blancos, y los niños blancos escuchan a sus padres y otros expresarse mal de los negros. El aspecto "diferente" de una persona de otra raza es un factor que contribuye también. A ello podemos añadirle las diferencias de cultura, educación, situación económica, formas de expresar la fe.

El apóstol Pedro abrigaba prejuicios contra los gentiles, y lo demostró mucho después de haber sido bautizado con el Espíritu en el Pentecostés. Pero Dios le dio una poderosa lección objetiva con el lienzo que era bajado del cielo, y él tuvo que confesar: "Dios me ha mostrado que a ningún hombre debo llamar impuro o inmundo" (Hechos 10:28). Los prejuicios que Pedro había adquirido en cuanto a las diferencias en la dieta de los judíos y los gentiles, y acerca de un supuesto favoritismo de

Dios hacia el pueblo de Pedro, fueron arrancados tiempo después del Pentecostés.

Pero esa no fue la última ocasión en que mostró una conducta impropia bajo presiones sociales. Todavía estaba sujeto a errores, lo cual se manifestó en un deseo extremo de agradar a las personas y en un comportamiento incorrecto. Por esa razón, después de más de 14 años, Pablo tuvo que ayudarlo a reconocer esa falta. Dice Pablo: "Pero cuando Pedro vino a Antioquía, me opuse a él cara a cara, porque era de condenar. Porque antes de venir algunos de parte de Jacobo, él comía con los gentiles, pero cuando vinieron, empezó a apartarse y retraerse, porque temía a los de la circuncisión" (Gálatas 2:11-12).

Si la experiencia de Pedro en el Pentecostés no eliminó su prejuicio contra los gentiles, ni su extremo deseo de agradar a la gente, podemos suponer que nuestro "Pentecostés" tampoco eliminará estos aspectos. Hay personas que, habiendo experimentado su "Pentecostés", aún pueden abrigar prejuicios contra ciertos individuos. Alguien podría pensar que nada bueno puede salir de Nazaret; de alguna ciudad particular, o de cierto país; de una denominación liberal; de una familia de aparceros; de los Rockefeller; de las ciudades del oeste norteamericano "donde avanzan todas esas sectas"; o de las mujeres.

Si alguien tiene la tendencia de hablar demasiado, o de actuar en forma impulsiva (como Pedro) debido a su temperamento, la entera santificación no lo transformará en una clase de ser humano diferente. Sin embargo, al morar el Espíritu Santo en esa persona en forma total y plena, cuenta con un Guía dentro de él para ayudarle, más y más, a rendir su temperamento en sujeción a la voluntad de Dios.

Lo mismo podemos decir respecto a las aberraciones de la naturaleza humana. Durante esta vida, y en nuestro medio ambiente, si la naturaleza humana llega a ser lo que no debería ser, no esperemos que sea corregida en el momento de la entera santificación. En esa ocasión es purificada la depravación adámica, con la cual venimos a este mundo. Aunque Dios en su gracia podría corregir cualquier problema en nosotros en cualquier momento, los problemas que no provienen de la depravación adámica no serán corregidos inmediatamente, como parte del "paquete" de la entera santificación. De modo que, si una persona ha cedido a tendencias homosexuales, tendrá la capacidad para no llevar a efecto ese deseo. Esa capacidad le será dada en la santificación inicial, en la primera obra de gracia; y luego obtendrá una ayuda mayor al recibir poder en su propio Pentecostés. Pero el deseo puede seguir presente, y necesitará ser corregido gradualmente. De igual manera, una persona puede tener aún la tendencia hacia la drogadicción o el alcoholismo, y la tendencia será corregida gradualmente —aunque, repito, en el momento de la santificación inicial, la persona recibe la capacidad para no llevar a efecto esa tendencia.

La entera santificación es una santificación, una limpieza, que es completa. No queda ninguna carnalidad, o pecado original, que pervierta nuestras facultades, o nos impulse a cometer actos pecaminosos. La carnalidad que infecta como un germen, toda nuestra naturaleza, incluyendo el cuerpo, la razón, la voluntad y las emociones, es totalmente extirpada. Este estado o condición de propensión, de inclinación a la vida de pecado, es crucificado, destruido —erradicado, si se prefiere el término. Aún así, la entera santificación no es una panacea; no corrige necesariamente los trastornos causados por experiencias aberrantes ocurridas durante esta vida.

C. Observaciones Finales

Los wesleyanos deben notar, mejor que en ocasiones anteriores, la diferencia entre carnalidad y humanidad. Por carnalidad debemos entender, especialmente en los incrédulos, el detrimento total que recibimos por la caída de Adán. Es el pecado original, y consiste en una depravación que afecta todos los aspectos de la naturaleza humana: razón, voluntad, emociones y cuerpo. A causa de la caída, (1) la razón no es confiable, lo que hace imperativa la revelación en las Escrituras y en Cristo; (2) la naturaleza moral ha caído y no podemos hacer nada bueno sin la ayuda de una gracia especial; (3) las emociones están pervertidas de manera que no amamos las cosas de arriba sino que estamos "inclinados al mal y esto de continuo"; y (4) aun nuestros cuerpos han sido afectados, y necesitan ser purificados por una santificación que sea completa (1 Tesalonicenses 5:23).

Tenemos que situar en el área humana lo que forma la esencia de la naturaleza humana como tal —por ejemplo: el impulso sexual, el deseo de ser apreciado, el deseo de autoprotección, los diferentes tipos de temperamento. La infección carnal de estos aspectos es extirpada en nuestra entera santificación, pero permanece la humanidad. En la entera santificación somos limpiados de todo detrimento espiritual con el cual vinimos al mundo (como consecuencia de la caída de Adán), pero no de los errores mentales, emocionales o físicos, como los anteriormente mencionados, que han sido aprendidos o adquiridos de alguna manera. Después de nuestro Pentecostés, el Espíritu Santo mora en nosotros, nos ayuda a no desobedecer a Dios deliberadamente por causa de alguno de esos errores, y nos ayuda a vivir cada vez más libres de ellos —hasta la glorificación, cuando nuestra liberación será completa.

De todo esto concluimos que no debemos esperar demasiado de la gracia de la entera santificación. Pero tampoco debemos esperar muy poco. Concluimos asimismo que necesitamos de mucho amor en nuestras relaciones interpersonales porque, (1) no podemos distinguir precisamente cuáles actitudes, reacciones y acciones en nosotros son carnales y cuáles son humanas; y (2) no debemos esperar que la entera santificación extirpe inmediatamente los errores que hemos adquirido a lo largo de toda su vida.

Una cosa es entender la entera santificación, y lo que esperamos que Dios haga en nuestras vidas a través de esta segunda obra de gracia; otra es experimentarla. La diferencia entre ambas es similar a la que existe entre la pintura de un incendio y un incendio real.

NOTAS BIBLIOGRÁFICAS

1. John Wesley, *La Perfección Cristiana*, p. 61 de la versión inglesa original. En este aspecto no estoy de acuerdo con Wesley, porque ser justificados cambia nuestro destino eterno, ya que en ese momento pasamos de muerte a vida, y somos hechos entonces hijos de Dios por adopción. Aun el poder del pecado innato sobre nosotros es quebrantado en la justificación, p. ej., la esclavitud al pecado innato. En la entera santificación es extirpado el pecado original.

2. Wiley, *Christian Theology*, 2:135.

3. Edward Schweizer, *Theological Dictionary of the New Testament*, ed. Gerhard Friedrich Kittel, trad. al inglés por Geoffrey W. Bromiley (Grand Rapids: Wm. B. Eerdmans, 1971), 7:135.

4. John Wesley, "On Sin in Believers", *Four Sermons by Wesley* (Londres: Wesleyan Methodist Book-room, s.f.), p. 13.

5. *Ibid.*

6. De acuerdo con Gálatas 5:17, el Espíritu Santo mora en el creyente, juntamente con la carne/*sarx*, pero el incrédulo, lejos de la gracia previniente, está muerto para Dios debido a su carnalidad. En la regeneración el pecado original no es limpiado ni siquiera en forma parcial, pero sus efectos en un creyente no son tan grandes como en un incrédulo.

7. A. M. Hills, *Fundamental Christian Theology* (Pasadena, California: C. J. Kinne, 1931), 1:362.

8. *Ibid.*

9. *Ibid.*

10. *Ibid.*, p. 364.

11. Jacobo Arminio, *The Works of James Arminius*, ed. James Nichols (Grand Rapids: Baker Book House, 1956), 1:523.

12. John Wesley, en *A Compend of Wesley's Theology*. ed. Robert W. Burtner y Robert E. Chiles (Nashville: Abingdon Press, 1954), pp. 132-33.

13. White, *Eradication Defined*, pp. 35-36.

14. Véase Olin Alfred Curtis, *The Christian Faith* (Grand Rapids: Kregel Publications, s.f.).

15. Stephen S. White, *Essential Christian Beliefs* (Kansas City: Nazarene Publishing House, 1940), p. 27.

16. *Ibid.*, pp. 34-35.

17. *Ibid.*, p. 33.

18. *Ibid.*, p. 32. Al respecto, véase Robert E. Chiles, *Theological Transition in American Methodism: 1870-1935* (Nueva York: Abingdon Press, 1965). Chiles presenta a varios teólogos metodistas desde la época de Wesley a la de A. C. Knudson y muestra la difusión del pelagianismo en la historia de la teología metodista.

Capítulo **8**

Cómo Recibir y Retener la Entera Santificación

Aunque Dios ha provisto nuestra redención y podamos recibir la purificación del pecado original a través del bautismo con el Espíritu Santo después de nuestra justificación, es necesario que colaboremos con Dios para recibir esta y otras ayudas que El nos ofrece.

Para recibir la entera santificación, es necesario que los creyentes colaboren con Dios de varias maneras. Asimismo, además de recibirla, es importante que consideremos cómo retener la entera santificación.

A. *Cómo Recibir la Entera Santificación*

No existe una fórmula establecida para tener la seguridad de recibir la entera santificación. Dios obra en nosotros en forma individual. Sin embargo, hay ciertas condiciones básicas que todos deben cumplir —y todos deben entrar por la puerta de la fe.

1. *Debemos entender lo que Dios ha provisto.* Uno de los primeros pasos para recibir la segunda obra de gracia consiste en comprender lo que es la provisión de Dios. Hay dos clases de pecado: el pecado como acto y el pecado como inclinación de la raza hacia los actos. Los actos de desobediencia (por los que somos responsables personalmente) deben ser perdonados (justificación, conversión), pero la inclinación racial (la cual heredamos) debe ser purificada. Ambos son posibles por la muerte y la resurrección de Cristo Jesús. El Cordero de Dios sin culpa alguna, quien aprendió la obediencia por todo lo que sufrió, padeció fuera de las puertas de Jerusalén para santificar al pueblo —a todo el pueblo— con su propia sangre (Hebreos 13:12).

2. *Debemos prepararnos.* Leer los pasajes de las Escrituras referentes a la entera santificación es una manera de preparar nuestro corazón

para buscar esta bendición. Asimismo es de ayuda leer literatura sobre santidad. Escuchar prédicas sobre santidad es de similar beneficio —y escuchar testimonios de santidad. Es fundamental estar dispuestos, en oración delante de Dios, para que el Espíritu Santo pueda guiarnos. Los escritores de santidad han señalado también la necesidad de eliminar los posibles impedimentos. Si el Espíritu Santo nos muestra algún aspecto de nuestra vida que no ha sido entregado a Dios, podemos solicitarle ayuda para ponerlo bajo su soberanía. En este tiempo de preparación, no sólo mantenemos una apertura ante Dios en áreas que son conocidas para nosotros, sino que debemos estar dispuestos a que el Espíritu examine totalmente nuestra vida espiritual, mostrándonos aspectos que permanecían ignorados.

3. *Debemos consagrarnos*. Un creyente se somete, o se entrega totalmente a Dios (véase Romanos 12:1-2; 6:13), para que El lo use cuando y donde quiera, y de la manera que El desee. Rendimos a Dios nuestras posesiones, talentos y habilidades, nuestras ambiciones, nuestros seres queridos, nuestro futuro desconocido; nos rendimos nosotros mismos. Esta entrega no es fácil. Charles G. Finney confesó: "Pasé por una gran lucha para consagrarme a Dios".[1]

Un pastor no estaba de acuerdo en que D. L. Moody fuera invitado a su ciudad para celebrar una campaña evangelística, y preguntó: "¿Por qué tenemos que traer a D. L. Moody? ¿Tiene él monopolio sobre el Espíritu Santo?" La respuesta para él fue: "No, pero el Espíritu Santo tiene monopolio sobre D. L. Moody". La consagración significa darle a Dios el monopolio sobre nuestra vida.

4. *Debemos ejercitar la fe*. Es la fe lo que hace que el bautismo con el Espíritu sea derramado. Como vimos antes, los dos pasajes que lo indican en forma más clara son Hechos 15:9 y 26:18.

Algunos destacan la importancia de la consagración junto con la fe para recibir la entera santificación. En un sentido, es correcto, aunque Wesley recalcó mayormente que era "sólo por la fe". Los Artículos de Fe de la Iglesia del Nazareno bien declaran al respecto: "La entera santificación... se obra instantáneamente por la fe y es precedida por la entera consagración".[2] En otras palabras, así como el arrepentimiento precede a la fe justificadora, la consagración precede a la fe santificadora.

Puesto que por la fe se obtiene la entera santificación, se implica la naturaleza instantánea de la experiencia —que puede ocurrir en el mismo momento, en cualquier ocasión, cuando un creyente pone en ejercicio la fe. Muchos creyentes han pasado a un altar para recibir la segunda bendición, se han rendido a Dios en total consagración, y por fe han entrado en su Canaán. Así ha ocurrido simplemente —sin problema, sin demora. La experiencia fue recibida sin complicación alguna, tal como ocurrió con el perdón de pecados.

Para otros, sin embargo, el paso es más lento. También ellos pasan al altar a orar, pero a pesar de su búsqueda no entran en la experiencia de la entera santificación. Las razones pueden ser muchas. Tal vez retroceden después de dar el paso de completa consagración. Tal vez no llegan a ejercer la fe necesaria. Quizás sea falta de conocimiento. Es natural que el nuevo hijo de Dios desee todo lo que está a su disposición en la gracia, de modo que tan pronto escucha acerca de esta bendición y cree en la entera santificación, comienza a buscarla. Pero tal vez aún no comprenda con exactitud qué está buscando, o cómo obtenerla. Por tanto, busca, pero no tiene éxito.

A personas que han tratado de recibir la experiencia sin lograrlo, se les ha sugerido que la acepten "por fe ciega" y digan que sí la recibieron. Al fin y al cabo, las Escrituras dicen que si cumplimos con las condiciones puestas por Dios, El nos santificará. Pero ese no es un consejo pertinente.

Phoebe Palmer y otros desarrollaron fórmulas, indicando paso a paso lo que debían hacer para recibir la segunda bendición, y sin duda ayudaron a muchos. Quizá la más empleada sea esta técnica de tres pasos: (1) ponga todo su ser y vida en el altar; (2) Cristo es el altar; (3) el altar, Cristo, santifica la ofrenda. Por tanto, si el creyente lo pone todo en el altar, será santificado.

El problema con tales métodos es que tienden a producir una búsqueda superficial sin cumplir con las condiciones de Dios. La mente carnal es engañosa (Romanos 7:11), y podemos creer que estamos totalmente consagrados a Dios cuando en verdad no es así. El hecho de profesarlo no lo convierte en realidad. No somos santificados por completo, necesariamente, cuando decimos que lo estamos, sino cuando en realidad somos santificados.

A veces la fe que produce la entera santificación es, en su naturaleza, como el destello de luz que ilumina una toma fotográfica. Sin embargo, puede ser una confianza expectante y obediente creyendo que, cuando Dios vea que hemos cumplido las condiciones establecidas por El, nos santificará por completo. Siendo una confianza expectante, la fe tiene duración. La "fe" es un sustantivo. Como tal, es un estado del ser

—y un estado del ser tiene duración. Si un niño tiene confianza en su padre, se trata de algo constante y duradero. Y así puede ser nuestra fe para recibir la entera santificación.

Esta cualidad de duración de la fe tiene apoyo en las Escrituras. Jesús dijo: "En verdad... si tenéis fe y no dudáis" (Mateo 21:21). La palabra traducida como "dudáis" está en el tiempo aoristo, dando a entender que no se debe dudar en absoluto. El término "fe" es un sustantivo y no tiene tiempo. Pero el verbo, "tenéis", sí lo tiene, y aquí está en tiempo presente. Esto significa que la fe puede ser constante. Es un estado o condición que puede durar por un período de tiempo indefinido.

La forma en que la "fe" se usa en la Biblia, en muchos otros pasajes, también sugiere que la fe tiene duración. Jesús exhortó a la gente: "Tened fe en Dios" (Marcos 11:22), que es una fe continua, porque "tened" en el griego aparece en tiempo presente. La fe puede "aumentar" (Lucas 17:5). Esteban estaba "lleno de fe" (Hechos 6:5). Existe una "obediencia a la fe" (Romanos 4:12). Es algo que puede "permanecer" (*menei*, tiempo presente), en una forma prolongada (1 Corintios 13:13).

Esta fe expectante, obediente, confiada, que puede estar presente sólo por un instante antes de la entera santificación, también puede durar dos minutos, dos días, o el tiempo necesario. Pero cuando las condiciones de Dios son cumplidas y El santifica por completo, la fe en que El lo hará se convierte en conocimiento de que El lo ha hecho. Entonces recibimos lo que Wesley llama el testimonio del Espíritu. Cuando esto ocurre, no decimos: "Creo (o me parece) que Dios me santifica", sino que declaramos con seguridad: "Dios me santifica".

Luego que la fe produce la experiencia, y la entera santificación se ha realizado, la experiencia misma se convierte en conocimiento, y la repetida declaración en 1 Juan, "sabemos", la hacemos nuestra. Desde ese momento nadie necesita arrancar de nosotros un testimonio forzado sobre la gracia de la entera santificación.

B. El Testimonio del Espíritu

Después que el creyente se rinde totalmente a Dios y por fe recibe la gracia de la entera santificación, el Espíritu Santo directamente le da testimonio de que la obra de gracia se ha realizado. Algunos escritores del movimiento de santidad sugieren que a menudo este testimonio del Espíritu se recibe después de un tiempo. Beverly Carradine creía haber recibido el testimonio tres días después, y Samuel Logan Brengle, dos semanas más tarde. Bien pudiera ser que en la primera ocasión ellos comenzaron a mostrar en forma decisiva su disposición para esta gracia, pero que la verdadera entera santificación se realizó en la ocasión posterior, produciendo así un testimonio inmediato por parte del Espíritu de que sí había ocurrido. Es difícil entender por qué algo tan importante como el bautismo con el Espíritu Santo habría de suceder, sin que nosotros lo supiéramos por tres días o dos semanas.

Hechos 15:8-9 sugiere que inmediatamente después de nuestro bautismo del Espíritu, el Espíritu Santo da testimonio de lo que ha sucedido. En este pasaje no aparece un participio presente, que indicaría que el testimonio es simultáneo con el bautismo, sino un participio aoristo, *dous*, de la palabra usual para "dar", o "conceder", *didomi*. Aquí Pedro dice: "Y Dios, que conoce el corazón, les dio testimonio dándoles el Espíritu Santo" (v. 8).

Pablo también señala ese testimonio inmediato cuando dice: "Y nosotros hemos recibido, no el espíritu del mundo, sino el Espíritu que viene de Dios, para que conozcamos lo que Dios nos ha dado gratuitamente" (1 Corintios 2:12). "Hemos recibido... el Espíritu" es sin duda una referencia al bautismo del Espíritu. Y entre "lo que" el Espíritu nos ayuda a conocer está su propia presencia en el corazón de aquel que ha recibido este bautismo.[3]

El autor de Hebreos hace una firme declaración respecto al testimonio del Espíritu sobre la entera santificación —y quizá indica también que es inmediato. El escribe: "Porque por una ofrenda El ha hecho perfectos para siempre[4] a los que son santificados. Y también el Espíritu Santo nos da testimonio" (Hebreos 10:14-15).

La expresión "sabemos", que aparece numerosas veces en 1 Juan, es un apoyo importante, especialmente cuando leemos: "Y en esto sabemos que El permanece en nosotros: por el Espíritu que nos ha dado" (1 Juan 3:24).

Es un hecho conocido que Juan Wesley enseñó acerca del testimonio del Espíritu, tanto para la justificación como para la entera santificación. En realidad, la entera santificación y el testimonio del Espíritu son quizá las dos doctrinas más distintivas de Wesley. Escribió sermones sobre el testimonio del Espíritu, trató el tema en su libro *La Perfección Cristiana* y en muchas de sus cartas. En una carta escrita en 1757 dice: "Un fruto [de la perfección cristiana] dado en el mismo instante (al menos por lo general) es un testimonio directo, positivo del Espíritu de que la obra fue hecha".[5]

Wesley enseñó que encontramos también un testimonio indirecto por los "frutos" en nuestra vida. Pero el testimonio directo es el principal. Decía él que no debemos "depender de ningún supuesto fruto del Espíritu", sino buscar la entera santificación, y seguir buscándola, hasta que el Espíritu Santo dé testimonio de la gracia en nuestros corazones.[6]

Wesley también enseñó, como se ha enseñado generalmente en el movimiento de santidad, que el testimonio del Espíritu, como una impresión directa sobre nuestra conciencia, puede aumentar y disminuir. Pero añade que, a medida que maduramos hasta ser "padres en Cristo", experimentamos esa conciencia en forma más firme.

C. Cómo Retener la Entera Santificación

Los wesleyanos enseñan que aquellos que han sido santificados por completo todavía pueden pecar contra Dios voluntariamente y caer de la gracia salvadora. Pero consideran aún la entera santificación como una "gracia que afirma", haciendo mucho más factible, o incluso más probable, que esa persona *retenga* su condición espiritual. Una vez que el pecado original es expulsado por medio del bautismo del Espíritu, un creyente no es de doble ánimo como era después de su conversión. El pecado original tiende a alejarnos de Dios, de manera que, una vez que la depravación adámica ha sido destruida, un cristiano está mejor capacitado para vivir a la semejanza de Cristo.

Esta afirmación en la gracia a través de la entera santificación se enseña en las Escrituras, y 1 Tesalonicenses 3:10-13 es un pasaje fundamental. Allí, dirigiéndose a creyentes cristianos, Pablo dice: "Que el mismo Dios y Padre nuestro, y Jesús nuestro Señor, dirijan nuestro camino a vosotros... a fin de que Él afirme vuestros corazones irreprensibles en santidad delante de nuestro Dios". Otras versiones de la Biblia también traducen *sterixai* como "afirmar". El término, aoristo de *histemi*, significa "poner firme... asegurar... establecer, confirmar".[7] Por estar en el tiempo aoristo, esta palabra sugiere que la afirmación ocurrirá por medio de una ocasión de crisis —de otra manera, se habría usado el tiempo presente o el imperfecto.

Además, los otros verbos alrededor de éste, referentes al mismo punto, están también en tiempo aoristo. El término "completemos" ("cumplamos", "suplir" o "perfeccionar" en otras versiones) en 3:10 es aoristo, donde Pablo les expresa su deseo de que "completemos lo que falta a vuestra fe". Aunque parecen indicar duración, "crecer" y "abundar", en 3:12, también son aoristos, de modo que Pablo espera un paso especial en la perfección de su amor.

Otro apoyo importante se encuentra en Romanos 5:1-5, donde Pablo escribe: "Por tanto, habiendo sido justificados por la fe, tenemos paz para con Dios por medio de nuestro Señor Jesucristo, por medio de quien también hemos obtenido entrada por la fe a esta gracia en la cual estamos firmes" (vv. 1-2). Aunque los términos "también" y el segundo "por la fe" no se encuentran en los manuscritos griegos más antiguos, su inclusión, como en *La Biblia de las Américas*, es apropiada con relación al contexto, y sí aparecen en algunos manuscritos de autoridad. Estos parecen hablar de una gracia además de la justificación, en la cual uno es afirmado. Esta segunda experiencia implica una referencia al Pentecostés, ya que Pablo habla del "amor de Dios [que] ha sido derramado en nuestros corazones por medio del Espíritu Santo que nos fue dado" (5:5).

La experiencia del apóstol Pedro también demuestra que es apropiado calificar como gracia afirmadora al bautismo con el Espíritu Santo. Antes del Pentecostés, Pedro aseguró enfáticamente que él nunca negaría a Cristo, pero luego lo hizo. La historia de su fracaso es conocida (véase Juan 18:17, 25-27).

Sin embargo, después de la resurrección de Cristo y de que Pedro, evidentemente, fuera perdonado por haberlo negado, y luego de ser purificado y haber recibido poder en el Pentecostés (Hechos 2:1-4; 15:8-9; 1:8), nunca volvió a decir algo que no habría de poner por obra en el momento decisivo. Ahora es el discípulo de Cristo que no tiene temor. En la prisión, él es de Cristo. Cuando lo sacan de la cárcel para ponerlo ante "gobernantes, ancianos y escribas", él permanece firme. Estando "lleno del Espíritu Santo" (nótese la referencia al Pentecostés), les dice: "Sabed todos vosotros, y todo el pueblo de Israel, que en el nombre de Jesucristo el Nazareno, a quien vosotros crucificasteis y a quien Dios resucitó de entre los muertos, por El, este hombre se halla aquí sano delante de vosotros" (Hechos 4:8-10). Termina diciendo: "No podemos dejar de decir lo que hemos visto y oído" (Hechos 4:20).

Así fue Pedro una vez que recibió la gracia que lo afirmó —de prueba en prueba, de martirio en martirio con sus compañeros, hasta llegar a lo que la tradición señala como su propio martirio, siendo crucificado con los pies hacia arriba.

Los principales escritores del movimiento de santidad han tratado extensamente este tema de la "gracia afirmadora", por considerarla uno de los resultados claves de la entera santificación en la vida de una persona. Porque una vez que es expulsado el pecado original, la inclinación adámica a los actos pecaminosos, la persona cuenta con una ayuda perceptible para llegar a ser un cristiano firme. Thomas Cook dice que aunque "la seguridad absoluta no pertenece a este mundo", aún así, "la santidad garantiza la condición de mayor seguridad posible en la tierra".[8]

John Fletcher, principal teólogo wesleyano, dice que él perdió la experiencia de la entera santificación varias veces. Sin embargo, Fletcher cree que eso contribuye para que la persona sea "'fortalecida, afirmada y establecida' bajo su vid celestial, en la buena tierra que fluye leche y miel espiritual".[9]

Asa Mahan, en su obra principal, *The Baptism of the Holy Ghost* (el bautismo del Espíritu Santo) (1870), dice: "Respecto a los efectos de este bautismo, debemos señalar en general, que la *permanencia* y *poder* son las características principales. Sin éstas, la debilidad caracteriza al más fuerte entre nosotros; con ellas, aquel que es débil entre nosotros es como David".[10]

J. A. Wood, en su obra de gran circulación, *El Amor Perfecto* (1880), dice: "Para retener la justificación, tenemos que vivir *obedientemente*, lo cual se puede lograr con mayor facilidad con un corazón puro (mediante la entera santificación) que con un impuro. Ante todo lo dicho, la vida religiosa más fácil es aquella que se practica a plenitud y con el menor número de obstáculos".[11]

No mucho después, en 1905, C. W. Ruth, uno de los primeros compañeros de Bresee, escribió acerca de la experiencia de santidad que, "aunque no desaparece la posibilidad de caer, el riesgo de una caída es reducida al mínimo".[12] Ruth, dado su carácter hogareño, comparó las cualidades de la bendición para preservarnos con lo que sucede en el proceso de un encurtido para preservar alimentos.

Esta es sólo una pequeña parte del vasto comentario en escritos de santidad sobre el tema de la afirmación espiritual por medio de la entera santificación. Donald S. Metz es un ejemplo de ello cuando dice que, aunque la santidad "no hace que una persona ya no cometa pecado... hace menos probable que una persona retroceda o caiga en apostasía".[13]

Respecto a la posibilidad de apostasía, Juan Wesley creyó por un tiempo que no se podía perder esta gracia una vez que era recibida, pero posteriormente vio suficientes evidencias en la experiencia de personas en sus sociedades, que lo convencieron de que sí se podía perder. En Estados Unidos, Phoebe Palmer también creía que se podía perder, y que muchas veces ocurría por no dar testimonio de esa gracia. (Esta fue la explicación de Fletcher en cuanto a su propia caída).

En 1902, Thomas Cook escribió:

> Casi todos los que una vez experimentaron la entera santifica-
> ción, y perdieron la bendición, están conscientes de haberse negado a
> obedecer algún mandato especial que recibieron en su vida y del cual
> huyeron. Alguna tarea les fue presentada y sabían que venía de Dios,
> pero dudaron en obedecer. Cuando se alejaron del angosto sendero
> de obediencia implícita a la guía del Espíritu, la comunión con Dios
> cesó, y dejaron de sentir la presencia del Consolador. Desde entonces
> ha habido una sombra sobre sus vidas, no ha habido crecimiento, y
> han carecido de poder y gozo. Y no encontrarán la bendición otra vez
> a menos que vuelvan al lugar donde dejaron caer la hebra de la
> obediencia y realicen aquello que Dios les ordenó.[14]

Dentro del movimiento de santidad existe diferencia de opinión respecto a si se pierde solamente la segunda obra de gracia, y no la primera; o si se pierden ambas cuando uno experimenta una caída espiritual. Wesley, Fletcher, Palmer y otros enseñan que una persona puede perder la experiencia de la entera santificación sin perder la justificación. Aunque las Escrituras no indican nada definitivo sobre este tema, hay cierta lógica en este punto de vista. Pareciera que, para que alguien pierda la entera santificación, todo lo que necesita hacer es negar aquello que hizo para recibirla. Ya que no está involucrado ningún acto pecaminoso, pareciera que negarse a la consagración, o dudar de Dios, ocasionaría la pérdida de esta gracia solamente.

Pero hay fuertes defensores de la otra posición, quienes dicen que si se pierde una gracia, se pierden ambas, ya que hubo un acto de desobediencia voluntaria a Dios. Lógicamente se requiere un arrepentimiento básico. El *Manual* de la Iglesia del Nazareno dice: "Creemos que el hombre, aunque posea la experiencia de la regeneración y de la entera santificación, puede apostatar y, a menos que se arrepienta de su pecado, se perderá eternamente y sin esperanza".[15] Esto no dice nada en cuanto a perder una gracia sin perder la otra. Habla solamente sobre un acto pecaminoso, que, en caso de no arrepentirnos, nos haría perder ambas obras de gracia porque significa que estaríamos perdidos por la eternidad.

Algunos miembros del movimiento de santidad han enseñado que una persona enteramente santificada, cae completamente si en algún momento "se aleja de la luz".[16] Ideas de esta clase, presentadas a menudo durante la invitación en reuniones evangelísticas, han perjudicado la fe de muchas personas plenamente convencidas. Baldwin ayuda a corregir este pensamiento cuando escribe:

> Otro declara que si las personas están lejos de la guía más clara jamás dada, si no están andando en forma infalible en toda la voluntad de Dios, han perdido la gracia, han caído. Si las personas que hacen esta afirmación se refieren a un pecado real en contra de la revelación conocida, no hay lugar a discusión en cuanto a su exactitud, pero, para ser justos, si esta declaración es verdadera, entonces un creyente pierde la gracia cada vez que no ora tanto o tan a menudo como debería, cada vez que come un pedazo de pastel cuando sabe que ha comido suficiente, o cada vez que pronuncia una palabra innecesaria; ¿acaso no va todo esto contra su más elevada revelación?[17]

NOTAS BIBLIOGRÁFICAS

1. Charles G. Finney, *An Autobiography* (Old Tappan, Nueva Jersey: Fleming H. Revell Co., 1876), p. 375.

2. *Manual 1989, Iglesia del Nazareno*, p. 34. También es cierto que, aunque estos Artículos afirman que se obra por un "bautismo" y que "se obra instantáneamente", no indican nada en cuanto a un proceso, o que la entera santificación sea gradual. Ya que no sé de ningún escritor de santidad que enseñara la santificación gradual cuando los Artículos eran formulados, creo que lo afirmado en los Artículos es intencional.

3. Hay dos pasajes especiales que demuestran que recibimos el testimonio del Espíritu en cuanto a nuestra justificación, lo cual no es del todo ajeno a mis propósitos aquí: "El Espíritu mismo da testimonio a nuestro espíritu de que somos hijos de Dios" (Romanos 8:16); también: "Y porque sois hijos, Dios ha enviado el Espíritu de su Hijo a nuestros corazones, clamando: ¡Abba! ¡Padre!" (Gálatas 4:6). Puesto que el Espíritu nos da testimonio de nuestra justificación, es también probable que nos dará testimonio de nuestra entera santificación.

4. Juan Wesley enseñó por algún tiempo que no se podía perder la entera santificación, pero más tarde corrigió su opinión.

5. Juan Wesley, *The Letters of the Rev. John Wesley*, ed. John Telford (Londres: The Epworth Press, 1931), 3:213.

6. Véase Wesley, *Works*, 5:133-34.

7. *The Analytical Greek Lexicon*, p. 203.

8. Cook, *New Testament Holiness*, p. 16.

9. John Fletcher, *The Works of the Rev. John Fletcher* (Nueva York: Methodist Episcopal Conference Office, 1836), 2:546.

10. Mahan, *Baptism of the Holy Ghost*, p. 30.

11. Wood, *El Amor Perfecto*, p. 130.

12. C. W. Ruth, *Bible Readings on the Second Blessing* (Salem: Convention Book Store, 1905), p. 61.

13. Metz, *Studies in Biblical Holiness*, p. 237.

14. Cook, *New Testament Holiness*, pp. 140-41.

15. *Manual 1989, Iglesia del Nazareno*, p. 32.

16. Harmon A. Baldwin, *Holiness and the Human Element* (Kansas City: Beacon Hill Press, 1919), p. 20.

17. *Ibid.*

Capítulo **9**

Preguntas Frecuentes

Como profesor de la doctrina de santidad en el seminario durante tres décadas, y predicador en convenciones y reuniones de avivamiento en las iglesias, me han formulado muchas preguntas acerca de esta doctrina. Ya que tales preguntas revelan las áreas de mayor incertidumbre o confusión respecto a la doctrina de santidad, este último capítulo será dedicado a responder las interrogantes más frecuentes.

I. Preguntas Relacionadas con la Experiencia

A. ¿Desaparecen los prejuicios cuando una persona es enteramente santificada?

Algunos han enseñado que los prejuicios, como los raciales por ejemplo, serán totalmente corregidos en la experiencia de la entera santificación. J. O. McClurkan, líder del movimiento de santidad en el sur de Estados Unidos, con trasfondo presbiteriano, trató en forma admirable sobre innumerables temas, pero enseñó lo que considero una posición extrema en relación con los prejuicios. Escribió él: "El corazón santificado es completamente purificado de todo... prejuicio racial. La santidad profundiza, suaviza y amplía la naturaleza hasta que todo hombre, de todos y cada uno de los sectores, nacionalidades, razas o condiciones, es amado como un hermano. Para el santificado no existe norte, ni sur, ni judío, ni griego, ni bárbaro".[1]

Sin embargo, puesto que los prejuicios raciales, educativos, culturales y otros son aprendidos en el ambiente que nos rodea, no constituyen un aspecto del pecado adámico, y no son quitados necesariamente en la entera santificación. Como señalamos anteriormente, Pedro todavía abrigaba prejuicios contra los gentiles mucho después de su Pentecostés. Dios ayudó a este apóstol de Capernaum, y puede ayudarnos a nosotros en este aspecto. El Espíritu Santo, al morar plenamente en nosotros, nos impulsará cada vez más hacia acciones y actitudes de amor. A través del proceso de maduración espiritual, ayudará a la persona a vencer prejuicios tales como los raciales.

B. ¿Es purificado el subconsciente?

El fallecido E. Stanley Jones, quien fue quizá el predicador de santidad de mayor renombre en nuestro siglo (juntamente con Paul Rees), enseñó que el subconsciente —a veces llamado inconsciente— es purificado en la entera santificación.

En un testimonio solicitado para la cubierta de una obra profunda y magnífica de Charles Ewing Brown, *The Meaning of Sanctification* (el significado de la santificación), Jones escribió:

> Vivimos con dos mentes —consciente y subconsciente. El subconsciente es donde residen los instintos impulsores: el yo, el sexo, y la muchedumbre de...
>
> En la conversión, se introduce en la mente consciente una nueva vida, una nueva lealtad, un nuevo amor. Pero el subconsciente no obedece a esta nueva vida... Se produce entonces un choque.[2]

Jones continúa diciendo que "el área donde trabaja el Espíritu Santo está en gran parte, si no totalmente, en el subconsciente".[3] Dice además: "Me di cuenta de que si me rendía... El purificaría estas profundidades... Yo me rendí y acepté el don por fe".[4]

Todo esto parece hermoso. Pero explora el área de la sicología y no el área de la Biblia y la teología. Sugiere que el subconsciente es el equivalente del pecado original. Pero esto es imposible. No llegamos a este mundo con el subconsciente, sino con el pecado original. El subconsciente, mientras goce del respeto en los colegios, se refiere a lo que almacenamos en nuestra mente interior durante esta vida —a menudo a través de experiencias que nos desvían. De él surgen los sueños. En él hay millares de recuerdos. Es por ello, por ejemplo, que sin desearlo, con frecuencia tenemos sentimientos hostiles hacia las figuras de autoridad.

Si el subconsciente fuera purificado en la entera santificación, seríamos limpiados de mucho más que el pecado adámico con el que llegamos al mundo. Si fuera limpiado en ese momento, la entera santificación obraría mayores maravillas de las que vemos entre quienes militamos en el movimiento de santidad. Si fuera purificado, de seguro nunca soñaríamos que estamos haciendo lo que no haríamos con nuestra mente consciente. Sin embargo, sí tenemos esos sueños, a veces.

La entera santificación es una santificación, una purificación que es completa. No queda ningún pecado original que pervierta nuestras facultades, que nos impulse a cometer actos pecaminosos. La carnalidad, un estado o condición con la predisposición para actuar contra Dios, y que constituye una inclinación hacia la vida de pecado, es crucificada, destruida, "erradicada" —como lo afirman los Artículos de Fe de la Iglesia del Nazareno sobre el pecado original. Aún así, la entera santificación no es una panacea; no corrige los diferentes trastornos ocasionados por experiencias aberrantes que han sucedido durante la vida. Estas son corregidas gradualmente a medida que crecemos en la gracia, y serán corregidas totalmente sólo cuando "esto mortal se vista de inmortalidad" —solamente cuando los santificados sean glorificados.

C. ¿Se experimenta una integración de la personalidad como resultado de la entera santificación?

Admitimos que hay cierto grado de integración de la personalidad cuando desaparecen las divisiones causadas por la mente carnal. Sin embargo, sería exagerado decir simplemente, como algunos lo han hecho, que la santidad es la experiencia integradora.[5] Muchos conflictos brotan aún de la naturaleza humana. Estos son vencidos únicamente a través del crecimiento en la gracia, a medida que Dios nos ayuda a trabajar en ellos, uno por uno.

D. ¿Podremos superar la impaciencia?

J. A. Wood incluye la "impaciencia" como uno de los "frutos del pecado innato".[6] Si realmente es uno de esos frutos, entonces, cuando un creyente es purificado del pecado innato en la entera santificación, su impaciencia debería desaparecer. Pero la impaciencia puede provenir, por ejemplo, de un deseo natural por lograr un éxito mayor aún no alcanzado, o por una reacción física de una joven madre con varios niños inquietos.

Respecto a los santificados por completo, J. A. Wood dice que "su espíritu es guardado siempre en quietud, y en completa paz".[7] Pero, ¿puede ser este el caso de una joven madre con niños pequeños, cuyo esposo ha desaparecido, cuyas cuentas por pagar están vencidas y no tiene con qué pagarlas, y cuyos hijos están inquietos porque no ven a su padre?

¿Es realista Wood al decir que "su espíritu es guardado siempre en quietud"?, ¿no ser afectado cuando el cónyuge deja el hogar por sentir atracción hacia otra persona?, ¿no ser afectado cuando el jefe, basándose en informes incorrectos, dice: "Está despedido"?, ¿no ser afectado cuando un hijo o hija muere en un accidente automovilístico en la noche de su graduación? Si la paz de nuestro espíritu no es afectada por tales experiencias, somos robots —no seres humanos. Las Escrituras no hablan de ninguna obra de gracia que logra automáticamente maravillas como éstas.

Si los santificados son heridos, sangran. Entre ellos hay hombres adultos que mostrarán su dolor, y en voz alta. No podemos decir que sus espíritus no son afectados. Pero cuando se sienten derrotados, vencidos, casi sin esperanza, ellos saben a quién pertenecen y a quién pueden recurrir para encontrar refugio.

E. ¿Queda libre la persona de los deseos impropios?

R. T. Williams, uno de los primeros superintendentes generales, en su libro *Temptation: A Neglected Theme* (la tentación: un tema olvidado),[8] enseñó en forma correcta que los deseos impropios no son ajenos a la vida de santidad. Dijo él que cometemos pecado sólo cuando determinamos llevar a cabo un deseo pecaminoso, lo cual interpreta correctamente el sentido del libro de Santiago: "Sino que cada uno es tentado cuando es llevado y seducido por su propia pasión. Después, cuando la pasión [el fuerte deseo] ha concebido, da a luz el pecado" (Santiago 1:14-15). De manera que, cuando un fuerte deseo por lo que es pecaminoso se une a la voluntad de la persona para hacerlo, entonces y sólo entonces el pecado es concebido. El deseo original es una influencia externa o quizá un impulso puramente físico. La forma en que respondamos a él es lo que tiene importancia en lo moral.

En el proceso de un acto pecaminoso tal vez haya varios pasos antes que una persona sea culpable de desobedecer a Dios. Estos son: (1) la atención que presta a lo que es incorrecto; (2) el deseo por aquello; (3) luego quizá un impulso prevolitivo hacia lo que desea; y (4) finalmente el juicio de la persona que enciende la luz roja indicando el peligro. En ese punto, si la persona no decide hacer aquello que ha deseado, no ha pecado. Dios lo ha ayudado a obtener la victoria. Ha sido tentado realmente, pero no ha desobedecido a Dios.

F. ¿Serán puros nuestros motivos después de la entera santificación?

La entera santificación no hace que todos nuestros motivos sean puros, como se ha enseñado a menudo en el movimiento de santidad. En la segunda obra de gracia es eliminada la carnalidad, el pecado original, de modo que nuestros motivos no son carnales. No son pecaminosos. Pero no son necesariamente puros —no son exactamente los mejores, totalmente aceptables o aprobados por Dios.

Los motivos son los principios internos o trampolines para hacer lo que hacemos. Pueden provenir de la naturaleza carnal, pero pueden provenir también de la naturaleza humana. Si provienen de la naturaleza humana, en aquellos que han sido enteramente santificados, pueden o no pueden ser "puros" o correctos.

La entera santificación no nos deshumaniza. Esto se ha enseñado siempre en el movimiento de santidad. Quiere decir que los diferentes deseos o "instintos" humanos son básicamente lo que eran antes, pero purificados de la infección carnal. Por ejemplo, el deseo de ser apreciado aún permanece. De igual modo permanecen otros deseos normales.

El deseo de estar con otras personas está presente todavía. Si a alguien le gustaba la soledad antes de la entera santificación, no deberá esperar una actitud diferente después de su Pentecostés. Aún puede tener sus preferencias en cuanto al lugar donde le gustaría trabajar para Cristo, aunque Dios podría tener otros planes para él y deberá ser sumiso a ellos.

Una persona puede tener una motivación interna hacia una dirección en su vida que le dé seguridad. El deseo de auto-preservación es natural; es humano. Este deseo de evitar lo que implica peligro podría llevar a una persona a no sacrificarse en su servicio por Cristo. El aspecto humano en nosotros, nuestros deseos "instintivos", pueden empujarnos en una dirección que no es la que Dios elegiría para nosotros. Necesitamos el crecimiento en la gracia, después de la entera santificación, para que nuestros motivos lleguen a ser puros, en el sentido de ser correctos ante Dios.

"Muchas personas pasaron al altar. Tan pronto como se hizo la invitación, la gente comenzó a pasar adelante para aceptar a Cristo". Algunas veces una persona da un informe como este a una congregación o a un amigo acerca de algún culto que él dirigió. Si ese informe es dado únicamente para glorificar a Dios —negando cualquier crédito o poder personal para obtener tales resultados— no hay problema alguno en cuanto al motivo.

Sin embargo, informes como estos pueden ser presentados, aun por alguien que es enteramente santificado, para lograr un aprecio mayor por parte de sus oyentes. Puesto que el deseo de ser apreciado es solamente humano, un informe tal no significa que esa persona carece de la gracia espiritual. Pero indica que necesita crecer en la gracia, para que el deseo humano de ser apreciado esté subordinado al deseo de glorificar a Dios.

El motivo no es carnal, pero tampoco es puro —en el sentido de ser aceptable ante Dios.

Por tanto, después de la entera santificación, nuestros motivos no son carnales. En ese sentido, son puros, pero únicamente en ese sentido. En el contexto más amplio de pureza —ser aceptos ante Dios— tal vez no sean puros. Necesitamos crecer en la gracia para que nuestra humanidad sea puesta totalmente bajo la soberanía de Cristo.

II. PREGUNTAS RELACIONADAS CON LA DOCTRINA

A. ¿Por qué hay dos obras de gracia?

En su afán por encontrar la enseñanza de dos obras de gracia en las Escrituras, algunos escritores de santidad han presentado bases erróneas para los dos diferentes pasos en nuestra redención. En parte, Beverly Carradine basó su enseñanza sobre dos obras de gracia en la existencia de dos pactos, uno en el Antiguo Testamento y otro en el Nuevo Testamento. Acerca de ellos, escribió: "Estos dos pactos encierran todo lo que Dios hace por el alma sobre la tierra, y describe exactamente las dos obras de gracia, regeneración y santificación".[9]

La analogía de Carradine no es del todo errada, puesto que hay dos dispensaciones, y el Espíritu Santo fue derramado sobre los creyentes aproximadamente cuando la segunda dispensación se inició. Pero ambas obras de gracia podían ocurrir durante la dispensación del Antiguo Testamento, aunque no fue usual (véase Isaías 6; Salmos 51).

Sin embargo, si el fundamento para las dos obras de gracia es la existencia de dos pactos, la conclusión lógica sería que ahora no podemos ser justificados, ya que no estamos bajo el pacto del Antiguo Testamento, el período en que la gente podía ser justificada. Actualmente recibiríamos sólo el tipo de gracia de nuestra propia dispensación: la entera santificación. Por supuesto, esto no es así.

El inicio de la nueva dispensación es anterior al Pentecostés, puesto que comenzó con el nacimiento de Cristo y, según Hebreos, cuando Cristo tomó el lugar del sumo sacerdote y se ofreció a sí mismo, en la cruz, como sacrificio por nuestros pecados. El libro de Hebreos habla acerca de los dos pactos y su similitud en cuanto al tiempo con las dos dispensaciones, pero no indica que la segunda haya comenzado con el Pentecostés.

La principal razón doctrinal por la que son necesarias dos obras de gracia es la existencia de dos tipos de pecado: nuestros propios actos pecaminosos, y el pecado adámico con el cual nacemos. Existe también una razón sicológica: nuestro marco mental cuando somos rebeldes delante de Dios y buscamos perdón, es diferente de cuando, como hijos de Dios, nos rendimos a El para que nos use. Pero el fundamento más incontrovertible estriba en que las Escrituras enseñan que hay dos obras de gracia, como vimos antes en esta obra.

B. ¿Es correcto decir que el "viejo hombre" es el pecado original?

Una interpretación bíblica muy difundida, pero incorrecta, de los escritores de santidad ha sido la identificación de lo que Pablo llama "hombre viejo" como el pecado original.

Solamente Pablo utiliza el término, en el Nuevo Testamento, y sólo en tres ocasiones. En forma clara se refiere a la vida antigua, no regenerada, a la clase de persona que existía antes de la conversión. Lo presenta en contraste con el nuevo hombre, la persona que ha nacido de nuevo, la persona regenerada. Tal vez, entre los primeros libros de santidad, no hubo uno solo que rechazara la posición de que el "hombre viejo" es el pecado original. Hombres como B. W. Huckabee,[10] Beverly Carradine,[11] C. W. Ruth,[12] y H. C. Morrison hicieron firmes declaraciones al respecto. Morrison escribe: "Echar fuera al 'hombre viejo', arrancar la raíz de amargura, destruir el cuerpo de pecado, *erradicar* la mente carnal, eliminar 'el pecado que habita en mí', todo es una misma obra, la cual es realizada por el bautismo instantáneo con el Espíritu Santo, purificando el corazón por fe".[13]

Escritores que han merecido especial respeto como teólogos también enseñaron de la misma forma. A. M. Hills dice que "hay otros nombres usados por Dios para este 'hombre viejo'; pero la lista es bastante extensa y basta describirlo lo suficiente como para reconocerlo. En lenguaje común lo llamamos 'depravación'. Entre la gente es más conocido por ese nombre".[14] En otro libro, Hills dice: "Considerando el contexto, ¿puede tal crucifixión y muerte significar algo menos que 'el pecado', 'el hombre viejo' de depravación, puede ser destruido por la gracia santificadora de tal modo que el cristiano puede estar tan muerto a todo impulso interno al pecado como un cadáver está muerto a las atracciones del mundo que una vez lo cautivaron?"[15]

S. S. White ayudó a popularizar esta posición en décadas recientes. Escribió él: "En este estado presantificado, el hombre no comete actos deliberados de pecado. El está salvo, no de la presencia, sino del poder de la mente carnal. De manera que el 'viejo hombre de pecado' está dominado o reprimido".[16] Mucho antes, Adam Clarke había tomado la misma posición. El escribió: "Vemos que *ho palaios hemon anthropos,* 'nuestro viejo hombre', usado aquí [en Romanos 6:6], en Efesios 4:22, y en Colosenses 3:9, es lo mismo que... lo que entendemos como *el pecado que mora,* o la *infección de la naturaleza,* como consecuencia de la *caída".*[17] Y aun un poco antes, Juan Wesley mismo tomó esta posición algunas veces. En sus *Notes* (notas) de Romanos 6:6, dice acerca de "nuestro viejo hombre": "Contemporáneo con nuestra existencia, y tan antiguo como la caída; nuestra naturaleza perversa; una expresión fuerte y hermosa para esa depravación y corrupción total que por naturaleza se extiende por todo el hombre, sin dejar una sola parte no infectada".[18]

Aunque estos y otros autores ponen a la par el "viejo hombre" con el pecado original, la posición en realidad no tiene fundamento. Veamos primero en Romanos 6:6 la mención del "viejo hombre". *La Biblia de las Américas* dice: "Sabiendo esto, que nuestro viejo hombre fue crucificado con El, para que nuestro cuerpo de pecado fuera destruido". La versión Reina-Valera Revisión 1960 también usa la frase "hombre viejo", mientras que otras versiones hablan del "viejo yo", como la versión *Nueva Vida,* de Editorial Mundo Hispano.

La interpretación gira en torno de la palabra griega *hina* que casi siempre significa "para que" (con excepción de Mateo 10:25; Juan 4:34; 6:29; 1 Juan 4:17; 5:3, etc.). Por tanto, a menudo es llamada "*hina* de propósito". En un escrito griego, lo que se menciona después de esta palabra es distinto de lo mencionado antes de ella. Lo mismo sucede en español con la frase "para que", con la que se traduce *hina.* El Dios de gracia no hace algo por nosotros para poder hacer lo mismo por nosotros. Pero si el "viejo hombre" es el pecado original, y si "el cuerpo de pecado" es el pecado original, entonces Romanos 6:6 declara que nuestro pecado original es crucificado para que el pecado original sea destruido, lo cual es una redundancia. Sin embargo, si nuestro "viejo hombre" se refiere a la vida antigua, no regenerada, en contraste con la nueva vida en Cristo, es decir, el nuevo nacimiento (la "novedad de vida" mencionada al final de Romanos 6:4), entonces Pablo está diciendo que somos regenerados para que podamos ser santificados por completo. Esta es una secuencia lógica.

Esta interpretación evita también que tengamos que agregar una palabra o un pensamiento a lo que Pablo dice en ambos lados de la *hina.*

Puesto que Pablo no puede estar diciendo que somos santificados por completo para que seamos santificados por completo, muchos wesleyanos piensan que Pablo está diciendo que hemos sido enteramente santificados *provisionalmente* a través de la muerte de Cristo para ser enteramente santificados en la experiencia. No obstante, si interpretamos el "viejo hombre" como la vida antigua, no regenerada, no necesitamos agregar "provisionalmente" antes de la *hina* y "en la experiencia" a la cláusula siguiente. Como yo lo comprendo, Pablo dice que nuestro yo es crucificado así como Cristo fue crucificado en la cruz, y que Dios produce esta muerte a la vida pasada para que el estado de pecado original pueda ser destruido.

Asimismo, si "nuestro viejo hombre" se refiere al pecado original, o el cuerpo o estado de pecado, ¿por qué Pablo no usa un pronombre la segunda vez? ¿Por qué dice él que nuestro viejo hombre es crucificado, provisionalmente si se quiere, para que pueda ser destruido en realidad cuando nosotros, como creyentes, confiamos en Dios para ello?

Este punto de vista da fuerza al pasaje como un texto de santidad, ya que menciona ambas obras de gracia en un versículo —y tales pasajes son un apoyo mayor para la enseñanza de la entera santificación que aquellos en los que las dos obras de gracia son enseñadas en forma separada.

En Efesios 4:19-25, este "viejo hombre" o "viejo yo" es puesto a la par de la "anterior manera de vivir". El término es usado también en Colosenses 3:9; pero se debe notar que aquí los afectos carnales y los actos de pecado están relacionados con el "viejo hombre", lo que confirmaría que la frase se refiere más exactamente a la vida no regenerada y no simplemente al pecado original.

C. ¿Debemos llamar "voluntad propia" y "rebeldía" al pecado original?

Llamar "voluntad propia" al pecado original no es correcto. La expresión sugiere que nos referimos a la voluntad de una persona, diferenciándola de, y quizá en oposición a, la voluntad de Dios. Cualquier voluntad de ese tipo —la voluntad propia en lugar de la de Dios— es eliminada a través del perdón de Dios en la primera obra de gracia. Después de nuestra conversión, si aún actuamos conforme a nuestra voluntad, la conversión no ha sido muy real. De modo que, si damos ese nombre al pecado original, restamos valor a la primera obra de gracia. El término de Bertha Munro, "obstinación", es preferible.

El problema es similar al del término "rebeldía". Parece restarle valor a lo que Dios hace por nosotros en la primera obra de gracia. Con seguridad una persona verdaderamente regenerada no estaría en rebeldía contra la voluntad de Dios.

Tanto en el Antiguo Testamento como en el Nuevo, en hebreo y griego, aparecen numerosas palabras genéricas, metafóricas y de actos concretos que se refieren al pecado. Los actos más graves entre todos parecen ser los de rebeldía. Son peores que los pecados descritos como errar al blanco, errar el camino, impiedad, injusticia y otros. *Pesha* es la palabra más común en el Antiguo Testamento para indicar el pecado como rebeldía.

En el Nuevo Testamento ocurre algo similar. Dejando de lado los términos genéricos para pecado, como los que se refieren a lo que es malo o perverso, encontramos metáforas para los actos de pecado. La metáfora más frecuente es *hamartia*, que aparece unas 270 veces con todos sus derivados. Pero si queremos llegar directamente al peor de estos actos pecaminosos, vemos el término *parabasis,* raramente usado, traducido como "transgresión", una palabra sumamente grave como *pesha* en el hebreo. Si una persona no sabe que ha quebrantado intencionalmente ninguna ley, no es culpable de ninguna "trangresión" de acuerdo con Romanos 4:15. Por lo general uno no se rebela contra uno que es igual a él, sino contra un superior —tal vez contra un rey; más probablemente, contra Dios mismo.

De modo que es mejor no llamar rebeldía al pecado original. La *rebeldía* caracteriza a alguien que está contra Dios, y no a los hijos regenerados aunque aún no enteramente santificados por nuestro santo Dios.

D. ¿Es lo mismo "rendirse" que "consagrarse"?

Muchos miembros del movimiento de santidad emplean "rendirse" como sinónimo de "consagrarse". Creyentes, que ya son hijos de Dios, son exhortados a rendirse a Dios y permitir que El los santifique por completo.

Una vez más, esta práctica tiende a restar valor a la regeneración. Esta declara que personas que ya son del pueblo de Dios necesitan rendirse a El. Pero rendirse es lo que un rebelde hace. Es lo que uno hace si ha quebrantado la ley civil y se entrega a las autoridades. Es lo que hace un ejército rebelde en la guerra. Rendirse, en el sentido espiritual, es lo que hacemos para ser perdonados por nuestros pecados.

Puede existir un significado de "rendición" menos grave de lo que hace un rebelde, un criminal o un ejército enemigo, pero el uso común es el ya mencionado. La palabra no es sinónimo de "consagración".

Sería ridículo decir que Japón se consagró al general MacArthur, o que el ladrón de banco se consagró a la policía.

El término "ceder" es un sinónimo aceptable para "consagrar", aunque su significado se acerca, más que "consagración", a lo que un rebelde podría hacer.

E. *¿Debemos decir que el yo es crucificado cuando somos enteramente santificados?*

Con frecuencia se enseña a los miembros del movimiento de santidad que el yo es crucificado en la entera santificación. En relación con ello, se nos dice que el pecado original es egoísmo cuando, en realidad, lo que parece ser egoísmo puede ser una consecuencia, por ejemplo, de haber sido un niño excesivamente consentido.

Se usa Gálatas 2:20 como base para ello, donde se nos dice: "Con Cristo he sido crucificado, y ya no soy yo el que vive, sino que Cristo vive en mí". Un pasaje relacionado con este es Gálatas 6:14, que Daniel Steele llama una "crucifixión recíproca". Pablo dice: "Pero jamás acontezca que yo me gloríe, sino en la cruz de nuestro Señor Jesucristo, por el cual el mundo ha sido crucificado para mí y yo para el mundo".

Algunos escritores de santidad consideran que estos pasajes se refieren a lo que sucede en la regeneración. El último pasaje podría indicar esto al sugerir una conversión que significa un rompimiento con el mundo del cual Pablo habla. Si alguien, siendo cristiano, no se ha alejado del mundo, la esfera donde se oponen a Dios, no se puede creer que es cristiano. El mundo, fuera de la iglesia, generalmente rompe relaciones con una persona —y ésta con el mundo— cuando ella rinde su corazón rebelde a Dios y recibe el perdón de la gracia de Dios. Entonces, si esperamos que la figura de la crucifixión sea usada en la misma forma por el mismo autor en la misma epístola, ese sería su significado en Gálatas 2:20.

Cualquiera que sea la interpretación, con Gálatas 2:20 es necesario hacer un poco de gimnasia exegética. No puede ser interpretado literalmente ya que el "yo" es crucificado, pero un "yo" vive. Probablemente la interpretación usual del movimiento de santidad es correcta, y se refiere a la segunda obra de gracia. Aun así, no es muy correcto decir que el yo es crucificado en la entera santificación. Si Pablo está diciendo que el yo es crucificado, inmediatamente después dice que el mismo yo vive todavía.

Es mejor decir que la infección carnal del yo es crucificada —su egocentrismo— pero no el yo —no el yo en sí. En lugar de que el yo mismo sea crucificado, algo diferente ocurre. La mente carnal que está aferrada al yo (como sugiere Romanos 7) es crucificada, y el yo, en lugar de ser crucificado, es mejorado —es hecho un yo mejor de lo que era cuando estaba infectado (como en el caso de una fiebre) por la mente carnal.

F. ¿Es correcto llamar experiencia purificadora a la entera santificación?

Al referirnos así a la segunda obra de gracia sugerimos que no hay una purificación en la primera obra de gracia. Sin embargo, sí hay una purificación en la experiencia de conversión. En ese momento, como vimos en un capítulo anterior, somos justificados, cuando Dios como juez nos perdona, absolviéndonos de nuestra culpa (Romanos 5:1). Somos también regenerados, nacemos de nuevo —de lo alto, renacidos (Juan 3:5). Y somos reconciliados (2 Corintios 5:18) —las dos partes en enemistad, Dios y el rebelde, son hechos compatibles. Por eso podemos ser entonces adoptados en la familia de Dios como hijos (Juan 1:12; Romanos 8:15-16; 1 Juan 3:1).

Pero en medio de estos sucesos simultáneos, recibimos también una purificación, llamada a veces santificación inicial. Es una purificación de la propensión a cometer actos pecaminosos que se va formando en nosotros como hábito por nuestros actos de pecado. Si cometemos actos pecaminosos, rebelándonos contra Dios en una y otra forma, día tras día, año tras año, se forma en nosotros una tendencia para seguir cometiendo estos actos intencionalmente. Los realizamos cada vez con más facilidad, como un estilo de vida. Ya no titubeamos para decidirnos a cometer un pecado más. No experimentamos la lucha que tuvimos cuando comenzamos a decirle "no" a Dios.

Esta es la razón, en parte, por la que en el trabajo de la iglesia tratamos de que niños y jóvenes busquen a Dios y sean salvos. En esos años de frescor y crecimiento, antes que aumente demasiado esa depravación adquirida a través de actos de pecado, es más fácil que una persona se arrepienta y deje la vida de pecado.

Si en la conversión únicamente fuéramos perdonados por nuestros pecados, pero no purificados de esa tendencia hacia ellos que se ha formado en nosotros, no podríamos vivir la vida cristiana. Sin duda regresaríamos a la vida de pecado que teníamos antes, a pesar de la ayuda del Espíritu Santo para persuadirnos. Pero Dios sabe lo que necesitamos. El no nos perdona solamente de nuestros pecados pasados, sino que nos purifica de esta inclinación adquirida hacia ellos. Este es el "lavamiento de la regeneración" mencionada en Tito 3:5.

Posteriormente, cuando uno conoce todo el plan divino de redención, necesita consagrarse a Dios y, por fe (otra vez), recibir la purificación de su propensión adámica a los actos de pecado. A esta segunda purificación la llamamos entera santificación. En esta oportunidad la inclinación adámica al pecado es purificada (Hechos 15:8-9), destruida (Romanos 6:6), crucificada (Gálatas 5:24). A Juan Wesley le gustaba decir que este estado o condición es "expulsado". Esta experiencia de limpieza es llamada también pureza de corazón (Mateo 5:8). La mente carnal (Romanos 8:1-9), el pecado que habita en uno (Romanos 7:17, 20), en ocasiones llamado "el pecado" (varias veces en Romanos 6), es quitado definitivamente. En el movimiento de santidad decíamos que este pecado es erradicado. Aunque ya no usamos ese término tan a menudo, porque algunos creían que veíamos el pecado en un sentido físico, actualmente al hablar de purificación nos referimos precisamente a lo que señalábamos y señalamos como erradicación.

En resumen, hay una purificación en ambas obras de gracia, y puesto que hay una purificación en la primera (conversión), no es correcto decir que la segunda obra de gracia es la experiencia purificadora.

G. ¿Podemos decir que Cristo salva y que el Espíritu Santo santifica?

Esto implica que Jesús hace por nosotros la primera obra de gracia y que el Espíritu Santo realiza la segunda obra de gracia. Este no es un craso error, pero tampoco es del todo correcto. Cada una de las tres personas de la Trinidad figura en una forma notable en las dos obras de la gracia de Dios.

Consideremos la primera obra de gracia —la conversión, a veces llamada salvación. Jesucristo, la segunda persona de la Trinidad, hace provisión para el perdón de nuestros pecados por su muerte y resurrección. El dio su vida en rescate por nosotros (Marcos 10:45).

El "fue entregado por nuestras transgresiones, y resucitado para nuestra justificación" (Romanos 4:25, Reina-Valera 1960). El justo por los injustos, El murió por nuestros pecados, y Dios el Padre lo levantó de los muertos en esa primera mañana de Resurrección. Su muerte fue en propiciación, mitigó, suavizó la santa ira de Dios dirigida contra nosotros como rebeldes, haciendo posible que Dios el Padre nos justificara y aún continuara siendo justo El mismo (Romanos 3:23-26).

"Al que no conoció pecado, le hizo pecado por nosotros, para que fuéramos hechos justicia de Dios en El" (2 Corintios 5:21).

El Espíritu Santo también figura en forma notable en la primera obra de gracia. El nos "convence" de pecado y de la justicia que se nos ofrece, y de la realidad del juicio que viene (Juan 16:8-11). Esta es la gracia preveniente por la cual el Espíritu Santo se acerca a nosotros, y enciende el primer y leve deseo en nosotros de buscar a Dios. Sin esto, estaríamos "inclinados al mal y esto de continuo", como lo señalan muchos credos. Cristo nos amó y se entregó a sí mismo por nosotros; y el Espíritu Santo, en forma directa y por medio de numerosos instrumentos, nos recuerda lo que ha sido provisto para nosotros. Hace mucho tiempo El inspiró a personas que escribieron las Sagradas Escrituras, que nos pueden hacer sabios en cuanto a la salvación (2 Timoteo 3:15). El llama y unge a personas que predican o testifican a pecadores acerca del perdón que Dios ofrece.

Dios el Padre también figura en forma estratégica en la conversión de una persona. El trazó el plan de salvación desde la fundación del mundo. Amó tanto al mundo que envió a su Hijo para estar entre nosotros, y morir finalmente en una cruz romana fuera de las puertas de Jerusalén. Más importante aún, El es quien nos perdona, ya que es al Santo Padre a quien ofendemos con nuestros actos pecaminosos. En el Nuevo Testamento hay una sugerencia aislada de que Jesús tiene poder para perdonar pecados. Pero El dijo que no podía hacer ninguna obra, como las sanidades, por su propio poder, y que realmente era el Padre quien las hacía (Juan 5:36), y quizá Jesús podía perdonar pecados porque el Padre le delegó ese poder. Cuando estamos en el altar u otro lugar y le pedimos a Jesús que perdone nuestros pecados, en realidad es el Padre quien nos perdona. Por tanto, Dios Padre, Dios Hijo y Dios Espíritu Santo, las tres personas de la divinidad, todas figuran en forma importante en la primera obra de gracia.

Veamos ahora la segunda obra de gracia. Los miembros del movimiento de santidad generalmente creen que el Espíritu Santo es quien santifica a los creyentes como una segunda crisis en la experiencia cristiana. Al respecto, y sin lamentar el hecho necesariamente, George Allen Turner dice: "Algunas obras de teología sistemática tratan la santificación en la sección sobre el Espíritu Santo. Esto ilustra la creencia ampliamente difundida de que, así como Cristo es la base de nuestra justificación, el Espíritu Santo es el agente en nuestra santificación".

Aunque, como dice Turner, la creencia está muy extendida, no es correcta. Las tres personas de la Trinidad figuran en forma importante en la entera santificación de un creyente, así como en su conversión. Jesús murió en la cruz haciendo provisión para este y todos los aspectos de la gracia de Dios Padre. El Cristo que nos visitó para nuestra redención, el Sol de justicia que se levantó "con la salud en sus alas", que actúa como mediador entre el Padre y nosotros, hizo provisión para la gracia preveniente, perdonadora, santificadora, providencial, milagrosa y para otras bondades hacia nosotros por parte del Santo Padre. Respecto a la santificación, específicamente, vemos en Hebreos que Cristo, "para santificar al pueblo mediante su propia sangre, padeció fuera de la puerta" (13:12). Asimismo, es Jesús quien bautiza a los creyentes con el Espíritu Santo, efectuando la entera santificación. Juan el Bautista declaró que él bautizaba con agua, pero que venía Uno después, Jesús, quien bautizaría a la gente con el Espíritu Santo (véase Mateo 3:11-12).

La Biblia describe también la función de Dios Padre en nuestra entera santificación. Pablo dice a los creyentes tesalonicenses: "Porque esta es la voluntad de Dios: vuestra santificación (1 Tesalonicenses 4:3), por tanto, el Padre lo desea. Pero pareciera que el Padre es quien hace realmente esta obra purificadora en los creyentes, porque leemos: "Y que el mismo Dios de paz os santifique por completo" (1 Tesalonicenses 5:23).

El Espíritu Santo nos ayuda a recibir lo que Cristo ha provisto y lo que en realidad el Padre nos da, en la entera santificación y en la justificación. Y somos bautizados por Cristo con el Espíritu Santo. La Biblia dice, en dos o tres ocasiones, que el Espíritu santifica, como cuando Pablo dice: "Pero os he escrito con atrevimiento sobre algunas cosas, para así haceros recordar otra vez, por la gracia que me fue dada por Dios para ser ministro de Cristo Jesús a los gentiles, ministrando a manera de sacerdote el evangelio de Dios, a fin de que la ofrenda que

hago de los gentiles sea aceptable, santificada por el Espíritu Santo"
(Romanos 15:15-16).

Entonces, puesto que las tres personas de la Trinidad figuran en
forma estratégica en las dos obras de gracia, no es muy correcto decir
que Jesús salva y el Espíritu Santo santifica.

*H. ¿Por qué debemos decir que esta segunda obra de gracia es el
bautismo con el Espíritu Santo?*

Existe un ligero error teológico en la frase tan usada de "el bautismo *del*" (en vez de "con el") Espíritu Santo. En el período inicial del
movimiento de santidad, el uso de "del", en lugar de "con", fue ampliamente difundido. En 1870 el título dado por Asa Mahan a su libro fue
The Baptism of the Holy Ghost (el bautismo del Espíritu Santo), y fue la
obra principal sobre el tema por algún tiempo. Mahan (y la revista *Guide
to Holiness* [guía para la santidad]) popularizaron ese término, "del", de
modo que aun después que el pueblo de santidad llegó a ser más wesleyano que Mahan, en cuanto al pecado original y su purificación, conti-
nuaron usando el término. W. B. Godbey también tituló su libro *Baptism
of the Holy Ghost* (bautismo del Espíritu Santo, que no tiene fecha pero
fue publicado probablemente después de 1906, porque habla acerca de la
práctica del don de lenguas que se extendió después de ese año).

Jack Ford, en *What the Holiness People Believe* (lo que cree el
pueblo de santidad), publicado en 1954, usa esta misma terminología,
como lo hacen numerosas publicaciones aun en tiempos recientes.

Podemos creer que la diferencia entre dos preposiciones, "de" y
"con", no tiene mucha importancia realmente. Sin embargo, marca una
tremenda diferencia teológica y bíblica.

Al usar "de", señalamos que este bautismo pertenece al Espíritu
Santo. Si usamos "con", indicamos que este bautismo es de Cristo, no
con agua como lo hizo Juan el Bautista, sino "usando", en cierto sentido,
al Espíritu Santo.

Y en verdad, el bautismo no es propio del Espíritu Santo. El bautismo es de Cristo, en el cual el agente no es el agua, sino el Espíritu Santo.

La palabra que usa la Biblia es "con". Juan bautizó con agua, pero
dice que vendrá uno después que "bautizará con el Espíritu Santo"
(Mateo 3:11).

I. *¿Describe Romanos 7 a una persona regenerada?*

En algunas ocasiones, escritores de santidad han interpretado Romanos 7 como la descripción de una persona regenerada. W. B. Godbey lo hizo, y algunos otros, como el gran predicador de santidad H. C. Morrison.[19]

Más que la literatura de santidad, es la teología popular la que ha difundido esa interpretación sobre este pasaje, a través de pastores y maestros. Sin embargo, esta interpretación de las Escrituras es inadecuada. Quienes pertenecen al movimiento de santidad saben que una persona regenerada no peca intencionalmente, pero la persona descrita en Romanos 7 parece hacerlo. En el v. 15 el autor dice: "Porque no practico lo que quiero hacer, sino que lo que aborrezco, eso hago". Y en el v. 18 dice: "Porque yo sé que en mí, es decir, en mi carne, no habita nada bueno; porque el querer está presente en mí, pero el hacer el bien, no".

Los vv. 12 y 22 a primera vista parecen indicar que se describe a una persona regenerada. Pero en el wesleyanismo por mucho tiempo hemos interpretado estos versículos a la luz de nuestra doctrina de gracia preveniente. En el v. 12 Pablo escribe: "Así que la ley es santa, y el mandamiento es santo, justo y bueno". Una persona no regenerada está inclinada al mal y eso de continuo, alejado de la gracia preveniente que Dios le da aún como rebelde. Pero con esta gracia, aun sin ser salvo, reconoce que la ley de Dios es santa —y del todo deseable. A menudo encontramos personas así en la actualidad. Quizá una persona no sea cristiana, pero si la gracia preveniente está actuando en ella, se alegrará de que haya una iglesia en su comunidad, con sus pastores y su influencia de salvación.

Una actitud similar expresa esta persona en el v. 22: "Porque en el hombre interior me deleito con la ley de Dios". Algunos han sugerido que esta expresión es similar a la del hombre justo que se deleita en la ley de Dios en Salmos 1. Sin embargo, se dice que esa persona es justa. En el v. 22, la persona se deleita en la ley de Dios, no por causa del nuevo hombre, sino únicamente según el hombre interior. Jacobo Arminio tiene razón al afirmar que todos tenemos un hombre interior, diferente del hombre exterior. Y una persona no regenerada, profundamente impulsada hacia Dios por la gracia preveniente, puede decir que se deleita con la ley de Dios.

En el movimiento de santidad se ha indicado que Pablo se refiere al pecado que mora en uno en los vv. 17 y 20 de este capítulo, donde habla del "pecado que habita en mí". En forma correcta interpretan estos versículos como referencias al pecado original. Sobre esta base, han sugerido que este pasaje describe a una persona regenerada que se halla confundida por el pecado original. Pero una persona no regenerada también tiene conflictos con el pecado original —no sólo el regenerado. Sin embargo, esta persona parece ser no regenerada porque, como vimos, en los vv. 15 y 18 indica que peca intencionalmente contra Dios.

Pablo usa aquí el "presente histórico", es decir, el tiempo presente para describir en forma vívida su experiencia pasada como una persona no regenerada que se esforzaba por guardar la ley de Dios, pero fallaba siempre en su intento. Una razón para decir que Pablo describe una experiencia anterior, es porque en el siguiente capítulo parece disfrutar la victoria —lo opuesto al capítulo 7. Romanos 8 comienza con estas palabras: "Por consiguiente, no hay ahora condenación para los que están en Cristo Jesús... Porque la ley del Espíritu de vida en Cristo Jesús te ['me' en Reina-Valera 1960] ha libertado de la ley del pecado y de la muerte" (vv. 1-2). También los vv. 8-9 parecen mostrar que no existe la esclavitud al pecado descrita en Romanos 7. Pablo dice que "los que están en la carne no pueden agradar a Dios (v. 8). Esta "carne" parece ser el pecado que mora en uno y la "ley del pecado" mencionada en Romanos 7. Luego, en el v. 9 Pablo dice: "Sin embargo, vosotros no estáis en la carne sino en el Espíritu, si en verdad el Espíritu de Dios habita en vosotros". Una de las reglas en la ciencia de interpretación bíblica consiste en que un escritor no se contradiga a sí mismo en el mismo documento, y por ello decimos que Romanos 7 y Romanos 8 concuerdan entre sí, sugiriendo que Romanos 8 es su experiencia presente y Romanos 7 describe su experiencia pasada.

J. ¿Enseñan los católicos que la entera santificación se efectúa en el purgatorio?

Un error muy extendido en relación con la enseñanza de santidad es la idea de que los católicos romanos dicen que recibimos la entera santificación en el purgatorio. El mismo Juan Wesley enseñó esto, y se ha difundido entre los wesleyanos durante dos siglos. En su obra *La Perfección Cristiana*, escribe: "Algunos dicen: 'Esta [perfección cristiana] no puede obtenerse sino hasta que hayamos sido refinados por el fuego del purgatorio'". Wesley dice también que otros enseñan que "se obtendrá tan pronto como el alma y el cuerpo se separen". Y menciona asimismo su propio punto de vista, de que "podemos obtenerla antes de morir".[20]

Muchos han tomado la descripción dada por Wesley en las tres posiciones, incluyendo la entera santificación efectuada en el purgatorio, y lo han publicado en numerosos libros y revistas. Eruditos prominentes como S. S. White lo han hecho. *The Case for Entire Sanctification* (el caso de la entera santificación) de P. P. Belew, publicada en 1970, dice: "Otra posición, sostenida por la iglesia católico romana, es que el creyente es santificado después de la muerte por el fuego de amor del purgatorio".[21]

Los católicos romanos no enseñan esto. Ellos enseñan que el pecado original es limpiado cuando una persona es bautizada con agua —generalmente cuando son niños. La culpa del pecado original es quitada en ese momento, y si el niño muere sin haber sido bautizado, irá al limbo, un estado eterno que no es de dicha ni de tormento. Enseñan que uno recibe el Espíritu Santo en una forma especial en la confirmación, generalmente unos 10 años después, que en cierta forma es similar al bautismo del Espíritu en la doctrina de santidad. El purgatorio, dicen ellos, es para que una persona purgue la culpa acumulada en su contra por pecados veniales —y la culpa temporal de los pecados mortales.

K. ¿Enseñan los wesleyanos la alternativa entre "santidad o infierno"?

Algunas veces se ha enseñado, o sugerido, que si un creyente no es enteramente santificado, irá a condenación cuando muera. Esto se basa en el pasaje de Hebreos 12:14: "Buscad... la santidad, sin la cual nadie verá al Señor". W. B. Huckabee dice: "Es del todo peligroso para el creyente esperar hasta la muerte para ser santificado, así como lo es para el pecador esperar hasta la muerte para ser salvo. Hay razón tanto en uno como en el otro".[22]

W. B. Godbey escribió un libro con el título *Holiness, or Hell?* (¿santidad o infierno?). En el mismo enseña acerca de esta opción. En otro libro, *The Incarnation of the Holy Ghost* (la encarnación del Espíritu Santo), Godbey sugiere esta enseñanza de santidad o infierno. Acerca de la entera santificación, dice: "Esta lo convierte en un genuino ciudadano de gracia en este mundo, que es la preparación para el reino de gloria en el cielo, como un requisito por el cual la antigua raíz de amargura y la semilla venenosa de pecado es erradicada del corazón por la sangre purificadora, rociada por el Espíritu Santo".[23]

George D. Watson parece haber enseñado también santidad o infierno. El escribió: "El perdón y la pureza son recibidos por medio de actos separados, específicos, de fe receptiva... ambos son conservados por la constante sumisión... ambos son requisitos para una vida feliz, útil, y ambas son *absolutamente esenciales* para ser admitidos en el cielo".[24]

Sin embargo, esa enseñanza concuerda más con la teología católico romana y la teología reformada que con la doctrina wesleyana. Como dijimos anteriormente, los católicos enseñan que si un bebé no es bautizado, con el fin de purificarlo de la culpa del pecado original, permanecerá en el limbo eterno. Según la teología reformada, los bebés que no son elegidos irán al infierno eterno debido a la culpa por participar en la transgresión adámica.

Juan Wesley escribió uno de sus pocos tratados extensos sobre el pecado original, y enseñó que nadie va al infierno eterno sólo por el pecado adámico. Acerca del pecado original y su posible castigo en el infierno, Wesley dijo: "Pero *que alguien sea condenado por esto tan sólo, no lo acepto,* hasta que alguien me muestre dónde está escrito. Tráiganme una prueba clara de las Escrituras, y yo me someto; pero hasta entonces lo rechazo por completo".[25] Wesley prefería creer que la "incredulidad es el pecado que condena".[26]

H. Orton Wiley y muchos otros han enseñado de la misma forma. De seguro Wiley está en lo correcto al decir que la dádiva gratuita de Romanos 5, que vino para todos para anular nuestra condenación, es una eliminación general de nuestra culpa por causa del pecado de Adán —pero no por nuestra depravación. Gracias a este beneficio racial de la expiación de Cristo, si alguien es justificado en el momento de su muerte, entrará en la gloria eterna —el pecado original es quitado de esa persona que está caminando en la luz, como sucede en el caso de criaturas y niños pequeños que mueren.

El maestro de santidad que es prudente, por lo general no enseñará sobre la opción entre santidad o infierno. Esa enseñanza incorrecta sugiere que si una persona que ha sido justificada muere, sin haber sido enteramente santificada, irá al infierno eterno. Es muy diferente decir que si una persona justificada rechaza intencionalmente la enseñanza sobre santidad, y deliberadamente rehúsa buscar la entera santificación a pesar de saber que es lo que Dios espera de él, entonces perdería su justificación por desobedecer a Dios —e iría a condenación si muriera en ese estado.

Es la justificación, y no la entera santificación, lo que cambia nuestro destino eterno. Para entrar al cielo no necesitamos la entera santificación de la manera en que necesitamos la justificación. Si hemos sido justificados, y caminamos en la luz, la sangre de Cristo nos purificará del pecado original en una forma imputada —como sucede en el caso de bebés y niños; y también con quienes padecen de retraso mental durante toda su vida.[27] Por lo tanto, es más correcto decir que la entera santificación es un imperativo importante, en lugar de decir que es una necesidad (sin dar mayor explicación).

L. ¿Por qué es tan importante que entendamos correctamente la doctrina de santidad?

Es importante por varias razones. Responde a los porqués, y no solamente al cómo —y saber los porqués es más fundamental. Son como el combustible que quema un motor. Una doctrina de santidad de buena calidad es importante así como es importante tener un combustible de calidad para el motor. El error básico de la gente que siguió a Jim Jones [el Templo del Pueblo, de Guyana, Sudamérica] consistió en buscar experiencias religiosas ignorando casi por completo las doctrinas cristianas conocidas.

La comprensión correcta de la doctrina de santidad nos permite una búsqueda inteligente de la gracia santificadora de Dios. Es verdad que algunos creyentes entrarán en la segunda bendición aun cuando no reciban una enseñanza básicamente correcta sobre ella. Sin embargo, muchos creyentes no la recibirán por haber tenido una enseñanza incorrecta sobre puntos importantes.

Asimismo, si se enseñan correctamente los puntos esenciales de la doctrina de santidad, los cristianos wesleyanos, dondequiera que se encuentren, tendrán mejores resultados al propagar la doctrina y guiar a otros en la experiencia. Esa enseñanza más o menos correcta no sólo nos ayudará a propagar la doctrina de santidad en el presente, ayudará a los wesleyanos a legar la doctrina y experiencia a la siguiente generación en su pureza auténtica y significativa.

Es nuestra esperanza que este capítulo y cada capítulo de este libro contribuya, aunque en forma modesta, hacia este fin.

NOTAS BIBLIOGRÁFICAS

1. *Zion's Outlook*, 7 de febrero de 1901, p. 8. Véase Timothy L. Smith, *Called Unto Holiness* (Kansas City: Nazarene Publishing House, 1962), p. 183, para hallar numerosas referencias al pensamiento de McClurkan sobre este tema.

2. Véase Brown, *Meaning of Sanctification*, p. ii.

3. *Ibid.*

4. *Ibid.*

5. Donald Metz menciona "entre los resultados de la entera santificación en el área de integración de la personalidad", "un sentido de auto-valía", una personalidad consistente que se muestra en todas las relaciones, y "una ausencia de conflictos espirituales internos" (véanse sus *Studies in Biblical Holiness*, p. 254).

6. Wood, *El Amor Perfecto*, p. 124.

7. *Ibid.*, p. 127.

8. R. T. Williams, *Temptation: a Neglected Theme* (Kansas City: Nazarene Publishing House, 1920).

9. Carradine, *Second Blessing in Symbol*, p. 87.

10. Huckabee, *Carnal Mind* (sin casa editorial, s.f.), p. 8.

11. B. Carradine, *The Old Man* (Noblesville, Indiana: Newby Book Room, 1965, reimpresión de la edición de 1896 por Kentucky Methodist Publication Co.).

12. C. W. Ruth, *The Second Crisis in Christian Experience* (Chicago: Christian Witness Co., 1913), p. 59.

13. Morrison, *Baptism with the Holy Ghost*, p. 24.

14. Hills, *Pentecost Rejected*, p. 72. Temas relacionados en pp. 25, 31, 63-64, 69.

15. A. M. Hills, *The Establishing Grace* (Kansas City: Nazarene Publishing House, 1937), p. 30.

16. White, *Eradication Defined*, p. 45.

17. Clarke, *Clarke's Commentary*, 6:77.

18. Juan Wesley, *Explanatory Notes Upon the New Testament* (Londres: Epworth Press, 1941, reimpresión), p. 540.

19. Morrison en *Baptism with the Holy Ghost*, p. 24, escribió: "Observen aquí que el hombre interior *se deleita en la ley de Dios*. El pecador no tiene hombre interior sino el 'viejo hombre', y el 'viejo hombre' no se deleita en la ley de Dios. El hombre interior mencionado aquí es el regenerado, el nuevo hombre, transformado por la gracia de Dios, por medio de la gracia regeneradora, en el momento de su justificación. Este nuevo 'hombre interior', se deleita en la ley de Dios, pero el 'viejo hombre' que permanece en la naturaleza lucha contra el nuevo y, cuando el nuevo hombre desea hacer lo bueno, el 'viejo hombre' que está con él, le impide realizar sus buenas intenciones".

20. Wesley, *La Perfección Cristiana*, p. 3.

21. P. P. Belew, *The Case for Entire Sanctification* (Kansas City: Beacon Hill Press of Kansas City, 1974), p. 24.

22. Huckabee, *The Carnal Mind*, p. 58.

23. W. B. Godbey, *The Incarnation of the Holy Ghost* (Louisville: Pentecostal Publishing Co., s.f.), p. 46.

24. George D. Watson, *A Holiness Manual* (Boston: Christian Witness Co, 1882), p. 51.

25. Wesley, *Works*, 10:223.

26. *Ibid.*

27. Si una persona con pleno dominio de sus facultades, rechaza a Cristo y luego padece un trastorno mental por el resto de su vida, irá a la eternidad sin ser justificada.

Indice de Citas Bíblicas

Indice de Personas
(No incluye personajes bíblicos)

Bibliografía Sobre la Doctrina de Santidad

Arndt, William F. y Gingrich, Wilbur, eds. *A Greek-English Lexicon of the New Testament.* Chicago: University of Chicago Press, 1957.

Arthur, William. *The Tongue of Fire; or, The True Power of Christianity.* Nueva York: The Methodist Book Concern, s.f.

Barker, John H. *This Is the Will of God.* Londres: Epworth Press, 1954.

Brengle, Samuel L. *The Guest of the Soul.* Londres: Marshall, Morgan and Scott, Ltd., 1936.

Brockett, Henry E. *Scriptural Freedom from Sin.* Kansas City: Nazarene Publishing House, 1941.

Brown, Charles E. *The Meaning of Sanctification.* Anderson, Ind.: Warner Press, 1945.

Bruner, Frederick Dale. *A Theology of the Holy Spirit.* Grand Rapids: Eerdmans, 1970.

Carradine, Beverly. *The Old Man.* Louisville, Ky.: Pentecostal Publishing Co., 1899.

_____. *The Sanctified Life.* Louisville: Pentecostal Publishing Co., 1897.

_____. *The Second Blessing in Symbol.* Louisville: Pickett Publishing Co., 1896.

Carter, Charles W. *The Person and Ministry of the Holy Spirit: A Wesleyan Perspective.* Grand Rapids: Baker Book House, 1974.

Carter, Charles W. y Earle, Ralph. *The Acts of the Apostles.* The Evangelical Commentary. Grand Rapids: Zondervan Publishing Co., 1959.

Cattell, Everett Lewis. *The Spirit of Holiness.* Kansas City: Beacon Hill Press of Kansas City, 1977.

Chapman, James B. *Holiness Triumphant.* Kansas City: Beacon Hill Press of Kansas City, 1946.

_____. *The Terminology of Holiness.* Kansas City: Beacon Hill Press of Kansas City, 1947.

Church, John R. *The One Baptism That Jesus Offers.* Louisville, Ky.: The Herald Press, s.f.

Clark, Dougan. *The Theology of Holiness.* Chicago: The Christian Witness Co., 1893.

Clarke, Adam. *Christian Theology.* Arreglado sistemáticamente por Samuel Dunn. Nueva York: T. Mason and G. Lane, 1840.

_____. *Clarke's Commentary.* 6 vols. Nashville: Abingdon Press, s.f.

_____. *Commentary on the Holy Bible.* Resumido por Ralph Earle. Grand Rapids: Baker Book House, 1967.

_____. *Entire Sanctification.* Louisville: Pentecostal Publishing Co., s.f.

Cook, Thomas. *New Testament Holiness.* Londres: The Epworth Press, 1941.

Cox, Leo G. *El Concepto de Wesley Sobre la Perfección Cristiana.* Trad. por Josué Mora. Kansas City: Casa Nazarena de Publicaciones, 1986.

Dayton, Donald W. *Discovering an Evangelical Heritage.* Nueva York: Harper & Row, 1976.

Dunn, James D. G. *Baptism in the Holy Spirit.* Estudios de teología bíblica. Segunda serie. Naperville, Ill.: Allenson, 1970.

Earle, Ralph. "Hechos". ......

Ellyson, Edgar P. *Bible Holiness.* Kansas City: Nazarene Publishing House, 1938.

Fenelon, Francois de la Mothe. *Christian Perfection.* Nueva York: Harper & Bros., 1947.

Finney, Charles G. *Charles G. Finney: An Autobiography.* Londres: Hodder & Stoughton, 1882.

_____. *Lectures on Systematic Theology.* Oberlín: James M. Fitch, Co., 1847.

_____. *Lectures to Professing Christians.* Nueva York: Fleming H. Revell Co., 1878.

_____. *Power from on High*. Fort Washington, Pa.: Christian Literature Crusade, 1944.

_____. *Sanctification*. Editado por William E. Allen. Londres: Christian Literature Crusade, 1949.

Fletcher, John. *Checks to Antinomianism*. 2 vols. Nueva York: Carleton & Porter, s.f. (Existen varias reimpresiones de esta obra de otras editoriales, incluyendo Beacon Hill Press, 1949).

_____. *The Works of the Reverend John Fletcher*. Nueva York: Methodist Episcopal Conference Office, 1836.

Ford, Jack. *What the Holiness People Believe*. Birkenhead, Cheshire: Emmanuel Bible College and Missions, 1954.

Geiger, Kenneth, ed. *Insights into Holiness*. Kansas City: Beacon Hill Press of Kansas City, 1962.

_____, ed. *Further Insights into Holiness*. Kansas City: Beacon Hill Press of Kansas City, 1963.

_____. *The Word and the Doctrine: Studies in Contemporary Wesleyan-Arminian Theology*. Kansas City: Beacon Hill Press of Kansas City, 1963.

Girvin, E. A. *Phineas F. Bresee: A Prince in Israel*. Kansas City: Pentecostal Church of the Nazarene Publishing House, 1916. Reimpreso en 1981 por Nazarene Publishing House.

Godbey, W. B. *Baptism of the Holy Ghost*. Greensboro, N.C.: Apostolic Messenger Office, s.f.

_____. *Holiness or Hell*. Louisville: Pentecostal Publishing Co., 1899.

_____. *Incarnation of the Holy Ghost*. Louisville: Pentecostal Publishing Co., s.f.

Gould, J. Glenn. *The Spirit's Ministry*. Kansas City: Beacon Hill Press, 1945.

Greathouse, William M. *The Fullness of the Spirit*. Kansas City: Nazarene Publishing House, 1958.

Hardy, C. E. *Pentecost*. Louisville: Pentecostal Publishing Co., 1927.

Haynes, B. F. *Fact, Faith and Fire*. Nashville: B. F. Haynes Publishing Co., 1900.

Henschen, Walter G. *Christian Perfection Before Wesley*. El Monte, California: Deal Publications, s.f.

Hills, A. M. *The Cleansing Baptism*. Manchester: Star Hall Publishing Co., s.f.

_____. *Fundamental Christian Theology*. 2 vols. (Cf. Vol. 2) Kansas City: Nazarene Publishing House, 1931.

_____. *Life of Charles G. Finney*. Cincinnati: Revivalist Office, 1902.

Howard, Richard E. *Newness of Life: A Study in the Thought of Paul*. Kansas City: Beacon Hill Press of Kansas City, 1975.

Jessop, Harry E. *Foundations of Doctrine*. Kansas City: Nazarene Publishing House, 1938.

Jones, Charles E. *Perfectionist Persuasion: The Holiness Movement and American Methodism, 1867-1936*. Metuchen, N.J.: The Scarecrow Press, Inc., 1974.

Kierkegaard, Soren. *Purity of Heart Is to Will One Thing*. Trad. al inglés por Douglas V. Steere. Nueva York: Harper and Brothers, 1938.

Kittel, Gerhard. *Bible Key Words from Theologisches Worterbuch zum Nuen Testament*. Trad. al inglés por J. R. Coates. Nueva York: Harper and Brothers, 1951.

Knight, John A. *The Holiness Pilgrimage*. Kansas City: Beacon Hill Press of Kansas City, 1973.

Lindstrom, Harald. *Wesley and Sanctification*. Londres: The Epworth Press, 1946.

Martin, E. G. *Dr. P. F. Bresee and the Church he Founded*. Mansfield, Ill.: I. G. Martin, 1936.

MacDonald, William. *The Scriptural Way of Holiness*. Chicago: Christian Witness Co., 1907.

_____. *Another Comforter*. Boston: McDonald, Gill & Co., 1890.

McLeister, Ira Ford. *History of the Wesleyan Methodist Church of America*. Syracuse, N.Y.: Wesleyan Methodist Publishing Assn., 1934.

Metz, Donald W. *Studies in Biblical Holiness*. Kansas City: Beacon Hill Press of Kansas City, 1971.

Morrison, G. H. *The Weaving of Glory*. Louisville: Pentecostal Publishing Co., 1900.

Mudge, James. *Growth in Holiness Toward Perfection, or Progressive Sanctification*. Nueva York: Hunt and Eaton, 1895.

Nichols, James. *The Works of James Arminius*. 3 vols. Auburn & Buffalo: Derby, Miller and Orton, 1853.

Palmer, Phoebe. *The Promise of the Father*. Boston: Henry V. Degen, 1859.

_____. *The Way of Holiness*. Nueva York: Palmer & Hughes, 1867.

Payne, Thomas. *The Pentecostal Baptism: Is It Regeneration?* Londres: Christian Herald Office, s.f.

Peck, George. *Christian Perfection*. Nueva York: Carlton & Phillips, 1855.

_____. *The Scripture Doctrine of Christian Perfection*. Nueva York: Lane & Scott, 1850.

Peck, Jess T. *The Central Idea of Christianity*. Louisville: Pentecostal Publishing Co., s.f. Edición compendiada por Beacon Hill Press, 1951.

Peters, John Leland. *Christian Perfection and American Methodism*. Nueva York: Abingdon Press, 1956.

Purkiser, W. T. *Conceptos en Conflicto Sobre la Santidad*. Trad. por José Y. Soltero e Ira L. True, corregida y actualizada bajo los auspicios de Publicaciones Internacionales. Kansas City: Casa Nazarena de Publicaciones, 1990.

_____. *Sanctification and its Synonyms*. Kansas City: Beacon Hill Press of Kansas City, 1961.

Purkiser, W. T.; Taylor, Richard S.; y Taylor, Willard H. *Dios, Hombre y Salvación*. Trad. por H. T. Reza. Segunda reimpresión. Kansas City: Casa Nazarena de Publicaciones, 1991.

Quebedeaux, Richard. *The New Charismatics: The Origins, Development and Significance of Neo-Pentecostalism*. Garden City, N.Y.: Doubleday and Co., 1976.

Ruth, C. W. *Entire Sanctification*. Kansas City: Beacon Hill Press, 1944.

_____. *Entire Sanctification Explained*. Kansas City: Beacon Hill Press, s.f.

_____. *The Second Crisis in Christian Experience*. Chicago: Christian Witness Co., 1913.

Smith, Hannah Whitall. *The Christian's Secret of a Happy Life*. Westwood, N.J.: Fleming H. Revell, s.f.

Smith, Timothy L. "Christian Perfectionism and American Methodism". *The Ausbury Seminarian*. Vol. 31 (octubre de 1976): 7:34.

_____. *Revivalism and Social Reform in Mid-Nineteenth-Century America*. Nueva York: Abingdon Press, 1957.

_____. *Called unto Holiness*. Kansas City: Nazarene Publishing House, 1962.

Steele, Daniel. *Gospel of the Comforter*. Boston: Christian Witness Co., 1897.

_____. *Half Hours with St. Paul*. Boston: Christian Witness Co., 1904.

_____. *Love Enthroned*. Boston: Christian Witness Co. Nueva York: Nelson & Phillips, 1877.

_____. *Milestone Papers*. Nueva York: Phillips & Hunt, 1878.

Stevenson, Vinson. *The Holiness-Pentecostal Movement in the United States*. Grand Rapids: Eerdmans, 1971.

Taylor, Richard S. *La Vida en el Espíritu*. Trad. por Lucía G. de Costa. Kansas City: Casa Nazarena de Publicaciones, 1985.

_____. *Preaching Holiness Today*. Kansas City: Beacon Hill Press of Kansas City, 1968.

Taylor, Willard H. "The Baptism with the Holy Spirit: Promise of Grace or Judgment?" *Wesleyan Theological Journal* 12 (Primavera, 1977): 16-25.

Turner, George Allen. *The Vision Which Transforms*. Kansas City: Beacon Hill Press of Kansas City, 1965.

_____. *Christian Holiness*. Kansas City: Beacon Hill Press of Kansas City, 1977.

Walker, Edward F. *Sanctify Them*, revisado por J. Kenneth Grider. Kansas City: Beacon Hill Press of Kansas City, 1968.

Watson, George D. *A Holiness Manual*. Boston: Christian Witness Co., 1882.

Wesley, Juan. *Explanatory Notes upon the New Testament*. Londres: Epworth Press, s.f.

_____. *Explanatory Notes upon the Old Testament*. Reimpresión. Salem, Ohio: Schmul Publishers, 1975.

_____. *La Perfección Cristiana*. Trad. por Mary Fawcett de Payano. Kansas City: Casa Nazarena de Publicaciones, 1990.

_____. *The Journal of the Rev. John Wesley*. Ed. Nehemiah Curnock. Londres: The Epworth Press, 1938.

_____. *The Letters of the Rev. John Wesley*. Editado por John Telford. Londres: The Epworth Press, 1931. 8 vols.

_____. *Wesley's Standard Sermons*. Editado por John Telford. Londres: The Epworth Press, 1921.

_____. *The Works of the Rev. John Wesley*. 14 vols. Kansas City: Beacon Hill Press of Kansas City, s.f.

White, Stephen S. *Eradication, Defined, Explained, Authenticated*. Kansas City: Beacon Hill Press, 1954. 95 pp.

_____. *Five Cardinal Elements in the Doctrine of Entire Sanctification*. Kansas City: Beacon Hill Press, 1948.

Wiley, H. Orton. *Christian Theology*. 3 vols. Kansas City: Beacon Hill Press, 1941.

_____. *Hebrews*. KansasCity: Beacon Hill Press of Kansas City, 1959.

_____. *The Pentecostal Promise*. Kansas City: Beacon Hill Press, s.f.

Winchester, Olive M. y Price, Ross E. *Crisis Experiences in the Greek New Testament*. Kansas City: Beacon Hill Press, 1953.

Wood, John Allen. *Autobiography of Rev. J. A. Wood*. Chicago: The Christian Witness Co., 1904.

_____. *El Amor Perfecto*.

_____. *Purity and Maturity*. Boston: Christian Witness Co., 1899.

Wynkoop, Mildred Bangs. *A Theology of Love: The Dynamic of Wesleyanism*. Kansas City: Beacon Hill Press of Kansas City, 1972.